地县供电企业

信息通信业务一体化实务手册

DIXIAN GONGDIAN QIYE XINXI TONGXIN YEWU
YITIHUA SHIWU SHOUCE

李颖毅　主　编

黄晓明　楼　平　副主编

中国电力出版社
CHINA ELECTRIC POWER PRESS

内 容 提 要

本书介绍了地县供电企业信息通信业务一体化工作流程和具体实施操作案例，主要内容包括概述、项目管理、调度监控、信息运维检修、通信运维检修、安全管理、应急管理、客户服务、资产管理。

本书可供地县供电企业信息通信运维检修人员阅读和参考，也可供信息通信管理人员使用。

图书在版编目（CIP）数据

地县供电企业信息通信业务一体化实务手册 / 李颖毅主编. —北京：中国电力出版社，2019.4
ISBN 978-7-5198-0568-5

Ⅰ. ①地… Ⅱ. ①李… Ⅲ. ①供电–工业企业–电力通信系统–中国–手册 Ⅳ. ①F426.61-62

中国版本图书馆 CIP 数据核字（2019）第 024132 号

出版发行：中国电力出版社
地　　址：北京市东城区北京站西街 19 号（邮政编码 100005）
网　　址：http://www.cepp.sgcc.com.cn
责任编辑：刘丽平（010-63412342）　邓慧都（010-63412636）
责任校对：黄　蓓　郝军燕
装帧设计：张俊霞
责任印制：石　雷

印　　刷：三河市航远印刷有限公司
版　　次：2019 年 4 月第一版
印　　次：2019 年 4 月北京第一次印刷
开　　本：787 毫米×1092 毫米　16 开本
印　　张：10
字　　数：191 千字
印　　数：0001—1500 册
定　　价：40.00 元

编 委 会

前　　言

2014年，国网湖州电力信息通信分公司按照国网浙江省电力公司的总体要求，以构建“调控一体、运检合一，统一调控、分级运维”的信息通信业务一体化为目标，按照“更集约、更扁平、更专业”的方向，深化地县供电企业信息通信业务结构调整，全面开展了信息通信业务地县一体化工作。在信息通信业务地县一体化工作中，国网湖州电力信息通信分公司形成了一体化工作流程和具体实施操作案例。为了巩固信息通信业务地县一体化工作成果，总结提炼工作成效，组织编写了《地县供电企业信息通信业务一体化实务手册》。

本书主要包括概述、项目管理、调度监控、信息运维检修、通信运维检修、安全管理、应急管理、客户服务、资产管理等内容，重点介绍了国网湖州电力信息通信分公司开展地县供电企业信息通信业务一体化工作的经验，可为其他单位提供借鉴，缩短地县供电企业信息通信业务一体化的建设时间，促进信息通信精益化管理水平的提升。

限于编写水平，加之时间仓促，书中难免存在疏漏和不妥之处，敬请广大读者批评指正。

编　者

2018年11月

目　录

第一章
概　述

根据“三集五大”统一部署，调整组织机构，精准分析业务现状，按照“更集约、更扁平、更专业”的要求，制定地县供电企业“调控一体、运检合一，统一调控、分级运维”的信息通信业务一体化目标，通过合理规划，分步实施，初步构建了湖州地县供电企业信息通信业务一体化体系，促进了地县供电企业信息通信业务的高效运作。

第一节　组　织　机　构

地县供电企业根据“三集五大”体系对地县信息通信组织机构进行相应调整，地市供电企业成立信息通信分公司（简称地市信通），下设“两室两班”，县级供电企业成立信息通信运检班，信息通信地县组织机构如图 1–1 所示。

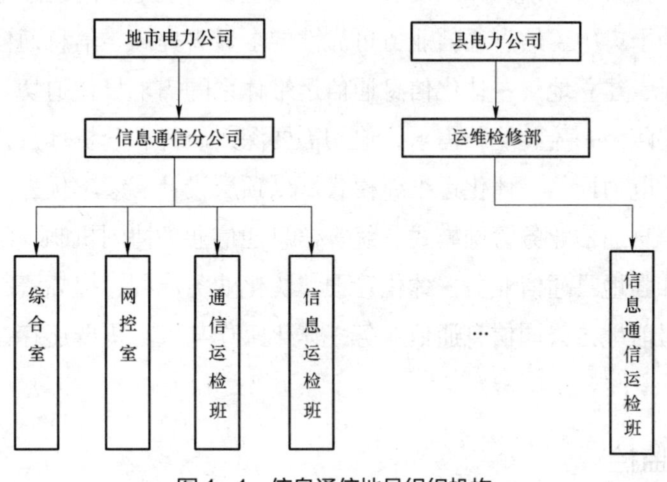

图 1–1　信息通信地县组织机构

一、地市信通主要职责

负责计划项目、安全质量、资料档案、行政后勤、信息通信工程项目实施等工作。

负责信息通信系统调度和实时监控、运行方式安排、系统检修计划审核、系统运行统计分析、客户服务等工作。负责信息机房的运行维护；负责信息的网络及相关设备的运行维护；负责本单位计算机终端及相关设备的运行维护；负责信息安全系统及设备的运行维护；负责安全运行维护；负责推进业务系统深化应用。负责通信网络主网设备和独立光电缆的维护检修以及资产实物管理；负责生产单位/营业所、配用电通信网络设备、线路维护检修以及资产实物管理；负责通信大修项目实施；负责通信网络应急预案的编制和修订，定期开展应急演练；负责通信设备和通信线路抢修。

二、县公司主要职责

负责管辖范围内信息通信网络、系统、设备的系统运行、运维检修和应急处置；负责管辖范围内计算机终端的运维检修和应急处置；负责信息安全保障。

第二节 业 务 分 析

随着电网规模的不断扩大，电力信息系统和通信网络有了突飞猛进的发展，为电网的安全运行提供了强有力的支撑。电力信息通信经过多年的发展，其业务体系架构也日趋成熟和完善，目前电力企业信息通信业务主要涉及项目管理、调度监控、信息运维检修、通信运维检修、安全管理、应急管理、客户服务、资产管理等方面。

随着“三集五大”体系的深入发展和特高压坚强智能电网的迅速推进，信息通信业务流向逐渐趋于集中、信息通信业务可靠性要求显著提高、信息通信网络全程全网的特点日趋明显、建立地县一体化信息通信运维体系的需求日益迫切。面对新形势、新任务和创建“两个一流”的新需求，迫切需要深入研究和分析地县公司信息通信运维的现状，探索电力通信一体化运维新模式。以顶层设计、效率优先、安全稳定为基本原则，统一信息通信业务管理模式，统一信息通信业务协同机制，统一信息通信运行管理规范，加强地县通信业务一体化管理，优化业务流程，提高资源配置效率，深化优质服务。目前地县公司信息通信业务一体化工作与实际需要还存在一些不适应，主要体现在以下方面。

一、调度监控

（一）人员结构不合理

随着地县信息通信设备逐渐增多，设备运行环境要求不断提高，监控范围日益扩大，管理目标逐步向集约迈进，信息通信调度监控工作时间及工作量将大幅增加，迫切需要更多的信息通信调度监控人员以及信息通信网管操作员来维持运作。目前调度监控人员的配备水平已无法满足实际工作需要，急需培养和补充人才队伍。

（二）业务流程较复杂

目前电力调度分为国网、分部、省级、地市、县级五级管理，每一级各自负责所管辖区域的调度生产业务，业务相互不交叉。信息专业骨干网与各业务系统主要为国网、省公司两级部署或国网一级部署，网络接入层互联和管理运维采用属地化单位分布式部署。电力通信业务与电力调度生产业务相对应，分为国网、分部、省级、地市、县级五级管理，相较于电力调度生产业务，通信业务管理范围更复杂，各级业务相互交叉承载，通信运维机构除本级辖区内的通信网络业务外，还承载着上级通信业务，存在监控和调度协调难度大，责任重等问题。与信息专业相比，通信网络具有全程全网特点，每一级均需与电力调度建立生产对应关系，存在网络扁平化、管理集中化困难等问题。

（三）地县一体程度低

地县供电企业信息通信网络独立成网的，地县运维管理模式较为松散，这种“地县分离”管理体系已无法适应地县一体化工作对信息通信运维专业化的要求。

（四）多级网管不透明

地市供电企业四级通信网运行维护实行分级分层运维方式，按照地县两级划分原则，各自负责所辖范围内的通信网络运维。地县独立配置本级通信网管，TMS 系统仅具备查看告警和简单配置能力，导致上下级通信运维人员在网络运行方式、业务承载、网管配置等方面相互屏蔽、互相支援能力较弱。

二、系统建设

（一）前期缺乏协调

地县两级信息通信专业分别负责各自范围内信息通信系统建设项目前期储备工作，缺乏必要的协调沟通，未能实现有限资源的合理统筹，使得信息通信系统建设标准和安全隐患治理进度参差不齐，不利于网络的一体化建设与调度监控，给技术装备水平的整体提升带来困难。

（二）资源缺乏统筹

地县两级信息通信专业分别负责各自范围内信息通信系统建设实施，工程管理相对独立，生产资源缺乏统筹，使得地市信通负责的全市性建设项目现场管理难度大，也造成建设实施过程中一般性现场管理工作人力、物力资源浪费。

（三）质量缺乏保证

地县信息通信建设实施耦合度较低，各县供电企业项目管理水平差异显著，安全质量管理未能做到全市统一控制，工程建设质量缺乏有效保证。

三、运检和客服

县供电企业信息通信运检工作未全部纳入检修管理流程，运检工作不规范，存在运检工作无计划、具体检修方案无审核等问题，地县运检力量未统筹利用，检修效率低。地县供电企业信息通信客户服务未实行统一受理和电子化表单流转，县供电企业的客户服务质量不高。

四、应急处置

（一）管理不集中

地县应急管理为离散管理模式，横向不到边，纵向不到底，地县两级机构贯通不畅，突发事件信息的传递在及时性、准确性、畅通性方面有缺失，在地县信息通信应急指挥、协调方面不一致。

（二）人员配备不充足

地县缺乏统一的信息通信基干专业队伍，每次灾害来临，都要临时组队，存在应急响应迟缓问题；受制于信息通信人员数量，出现组队捉襟见肘等问题，往往造成前后方自暇不及。

五、人力资源

人力资源配置不合理，地县两级信息通信人员配置率普遍低于 70%，专业从业人员平均年龄达到 40 岁以上，且由于电网发展和信息通信技术更新较快，导致核心业务岗位缺员率较高。地县信息通信专业之间也在工作中存在着不协调、不统筹、不配合等现象，没有形成工作凝聚力，从而导致效率的下降和执行力的缺失。

第三节　地县一体化方案

根据全面实施地县信息通信业务一体化运作和强化专业统一管理的要求，按照统一标准、分步实施，试点先行、全面推广，流程高效、界面清晰，平稳有序、整体交接的原则，开展地县信息通信业务优化工作。

一、调度监控

将县级的网管监控职能上收至市级单位行使，地市信通负责区域内县供电企业所属信息通信系统监控、运行管理工作。完成县公司信息通信设备网管的市集中和统一地址配置。统一地县信通运行方式，年度和日常通信运行方式由地市信通统一编制，县公司负责运行方式的申请、实施等具体工作。统一缺陷管理，由地市信通统一派单，县公司负责具体消缺工作。

二、运维检修

地县公司分别承担本地区范围内信息通信系统运维检修。统一地县信息通信运检业务管理。县公司和市本级的信息通信检修工作全部纳入现有信息通信检修管理流程。地市信通统一负责地县运维检修计划和检修申请的审批，汇总、发布地县公司巡视和检修计划。地市信通统一负责运维检修的标准化和状态评价管理，统一组织地县一体的标准化作业和大型检修工作。地市信通统一负责地县运维检修评价，根据县公司检修计划的执行、标准化作业和检修的开展等情况综合评价，推进地县公司运维检修工作的规范性。

三、系统建设

地县公司分别承担本地区信息通信项目建设任务。按照“统一设计、统一标准、统一质量、分级管理”的原则，构建地县一体化信息通信系统建设实施业务体系。地市信通统一规划、统一组织接入方式、统一项目申报，统一组织站点接入和投产验收，统筹协调基建、技改等工程接入系统审查和新设备投运工作。按照扁平化的组网目标优化现有的网络架构，推进地县信息通信网络一体化建设。

四、应急管理

地县公司分别承担本地区范围内信息通信系统应急处置和重大活动应急保障，根据需要参加跨区域的信息通信系统应急处置和重大活动应急保障。地市信通负责地县应急管理，形成“统一指挥、反应迅速、高效有序”的地县一体应急处置体系。健全地县信息通信应急装备，提升电网应急抢修通信保障能力。开展备品备件地县一体化管理，实现备品备件统一调配。完善“一事一卡一流程”，加强现场应急处置演练。

五、客户服务业务

构建“统一受理、统一派单、统一评价、分级处理”的信息通信客户服务体系。地县公司分别负责管辖范围内信息通信系统的现场服务工作。

六、实施步骤

（一）初级阶段

1. 统一专业管理

地市信通统一开展地县信息通信业务专业管理，统一工作规范及评价考核；统一公司制度标准，统一开展安全监督和技术监督；统一组织地县公司专业人员培训。

2. 传输网管地市集中

从传输设备作为切入点，完成县公司传输设备网管客户端延伸至市公司，以县公司监控为主、地市信通监控为辅过渡到市公司统一监控，地市信通和县公司相互备用的运行模式。

3. 规范业务流程

统一地县信息通信运行业务管理。县公司和市本级的信息通信检修工作全部纳入现有信息通信检修管理流程，从检修计划、检修申请等环节抓好信息通信检修的管控，提高管理的规范化水平。统一缺陷管理，加强地县一体缺陷的闭环管理。地区年度通信运行方式和日常运行由地市信通统一编制，县公司参与；应急方式由县公司负责。

4. 提升人力资源效率

加强地县信息通信人员队伍建设，加强人员业务培训，进一步深入开展信息通信业务融合，开展通信传输和信息网络业务融合试点，培养信息通信运行复合型人才，提升人力资源利用效率；合理调配地县公司人力资源，通过多种方式优化调整信息通信各专业人员配置，满足电网生产和企业管理保障的要求，保障信息通信各类业务正常运转。

（二）深化阶段

1. 统一地县通信网络建设

结合建设项目，推进地县一体信息通信网络建设，由现有的地县分别建设调整为地市统一建设，地市统一开展网络优化方案和光缆补强方案制定，项目由地市审核，统一组织申报。

2. 构建地县一体网管中心

在地市信通统一构建网管中心，集中网管服务器，对地县传输网管、电源系统、接入系统等进行统一集中监控。地县设备管理地址统一分配，各县公司通过分权分域的方式进行远程监控和配置等管理。地市公司对网管集中维护，日常网管操作由逐步过渡到地市公司统一操作，县公司按照业务接入需要提交申请；应急网管操作仍以县公司为主，形成地县协同配合的模式。

3. 深化地县一体运行管理

统一地县信息通信运行方式，年度和日常通信运行方式由地市信通统一编制，县公司负责运行方式的申请、实施等具体工作。结合运行方式的统一，从管理深度上强化检修和缺陷的管理，逐步实现地县一体运行管理地市公司集中，县公司主要负责现场的实施，提升运行效率。

4. 促进人员的合理流动

通过地县一体化建设的培养信通专业优秀人才，按照统一培训标准的要求提升地县信息通信专业人才的业务水平，为地县公司间信息通信专业人才的合理流动创造条件，通过多种形式促进人员的交叉换岗、挂岗锻炼，实现地县一体专业化人才队伍，缓解专业人员短缺的情况。

通过地县一体化建设，使得地县信通业务架构更合理， 缩短信息通信调度运行的管理层级，推进信息通信业务系统向更扁平、更集约的方向发展。建立贯穿地县的管理制度和监管体系，机制更顺畅，有效提升信息通信管控能力。开展网管集中以及地县传输系统统一组网，优化整合网络资源，打破网络层级壁垒，实现业务的集约化与全覆盖，系统更加坚强。进一步优化整合地县人力资源，提高了人员使用效率。

第二章 项目管理

为整合优化信息通信资源，强化地县供电企业信息通信项目专业管理，按照更集约、更扁平、更专业、更统筹的总体目标，开展信息通信项目实施管理。通过信息通信专业人、财、物的集约管理，不断挖掘资源潜力，提升专业能力，实现信息通信“人员最精化、效益最大化、服务最优化”。

第一节 项目分类

地县供电企业信息通信部门实施的项目主要包括信息通信建设类项目、信息通信运维类项目、配套建设类项目和其他项目四大类。其中，信息通信建设类项目包括信息化建设项目、通信技改项目；信息通信运维类项目包括信息资产运维项目、通信大修项目；配套建设类项目包括电网基建配套项目、用户工程建设配套项目、小型基建配套项目；其他类项目包括研究开发项目、群创项目、零星购置项目。

在信息通信体制改制前，信息通信项目由不同部门实施管理，信息类项目由信息部门管理，通信类项目由电网运行维护部门管理，科研类项目由科技部门管理，基建类项目由电网建设部门管理，零星购置项目由计划部门管理。各部门针对项目管理的要求各不相同，从而大大增加了地县供电企业信息通信部门项目实施的工作量。通信大修项目实施流程见图 2-1，通信技改项目实施流程见图 2-2，信息化项目实施流程见图 2-3，信息运维项目实施流程见图 2-4。

经过信息通信体制改制后，对信息通信项目管理职责进行了整理，信息通信建设类项目、信息通信运维类项目、其他项目由省科信管理部门统一管控，地县供电企业信息通信部门开展项目实施工作。配套信息通信建设项目由相关主体建设部门管控，地县供电企业信息通信部门配合主体建设部门开展信息通信建设的部分工作。项目管理职责划分见表 2-1。

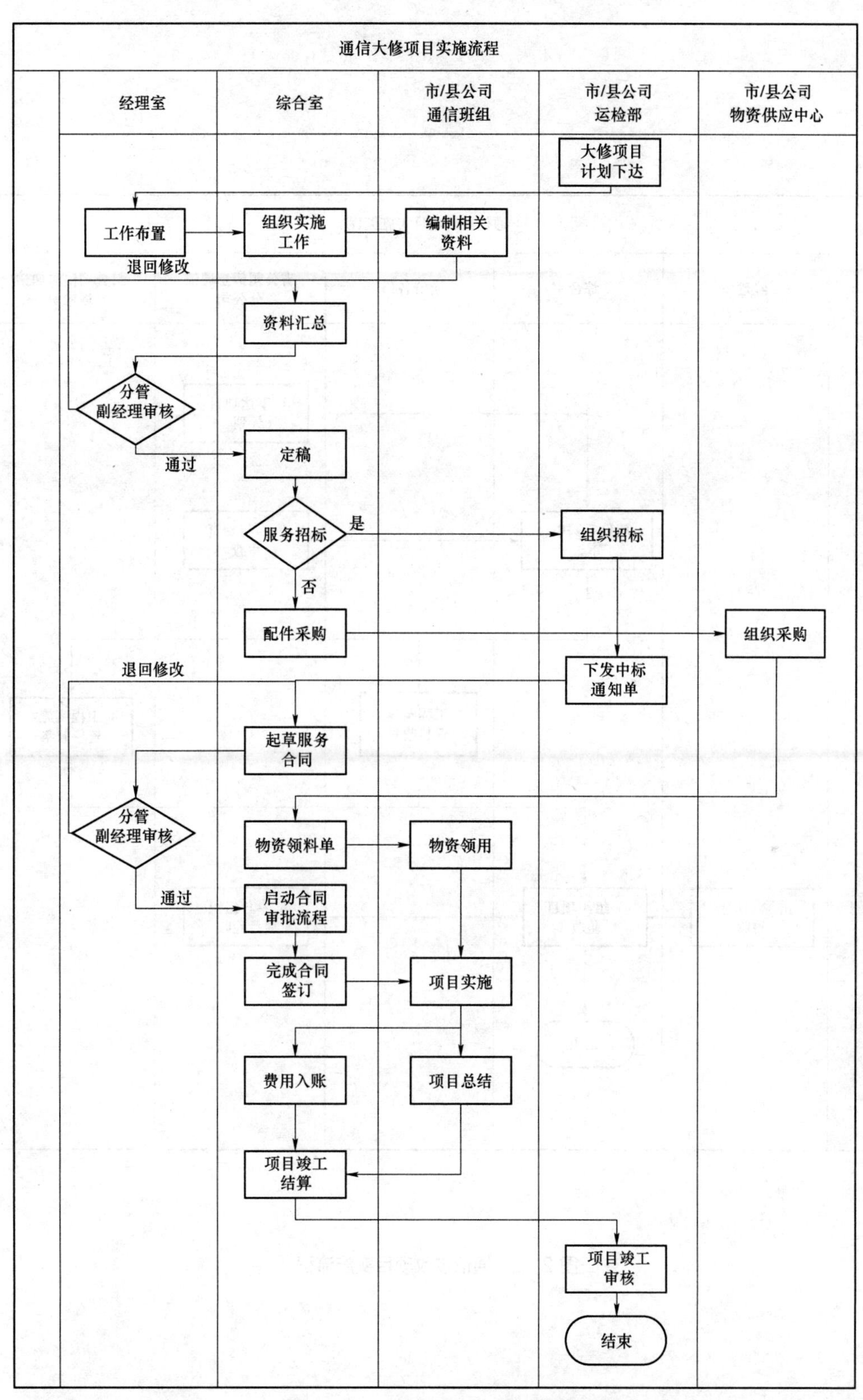

图 2-1　通信大修项目实施流程

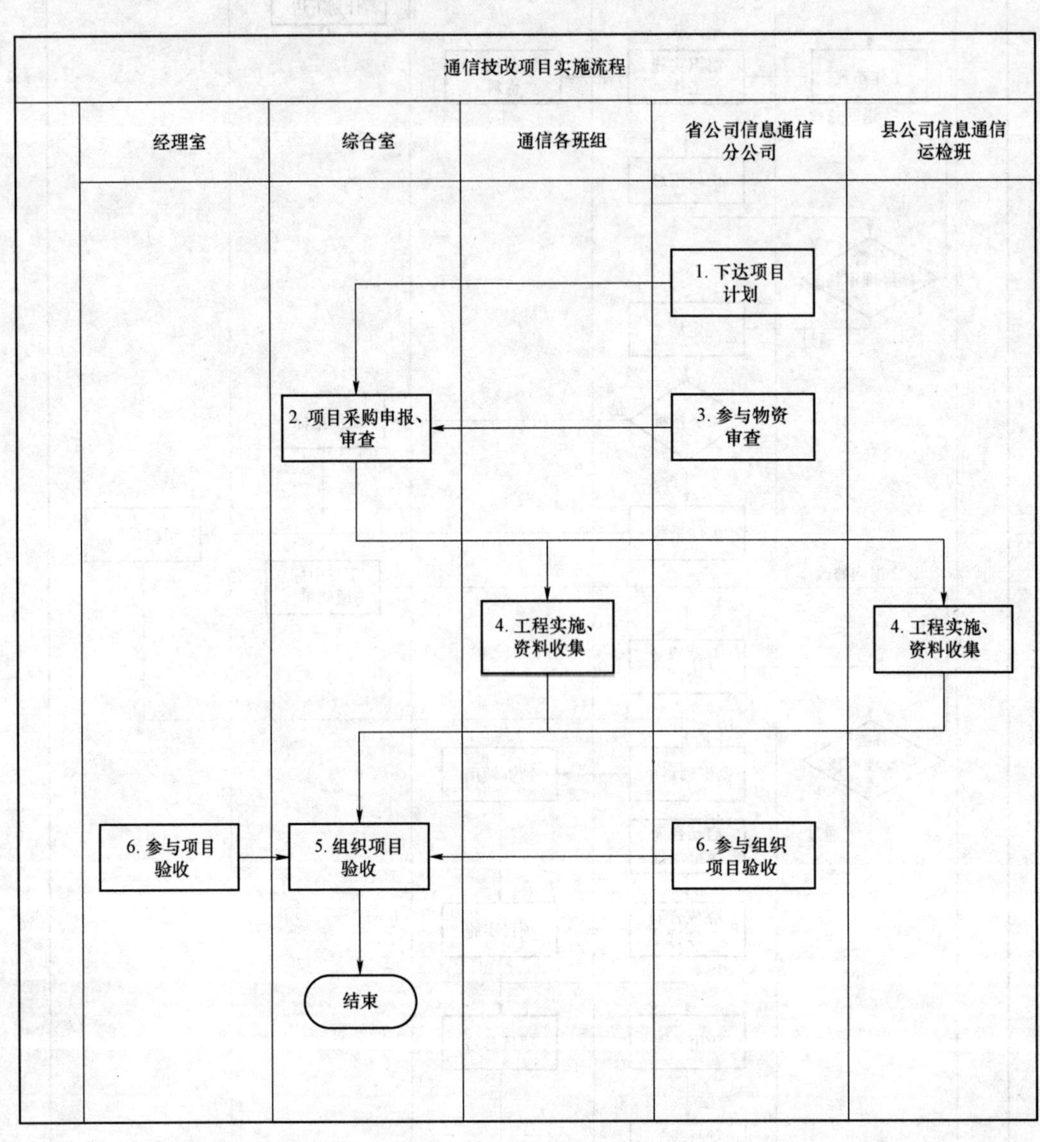

图 2-2　通信技改项目实施流程

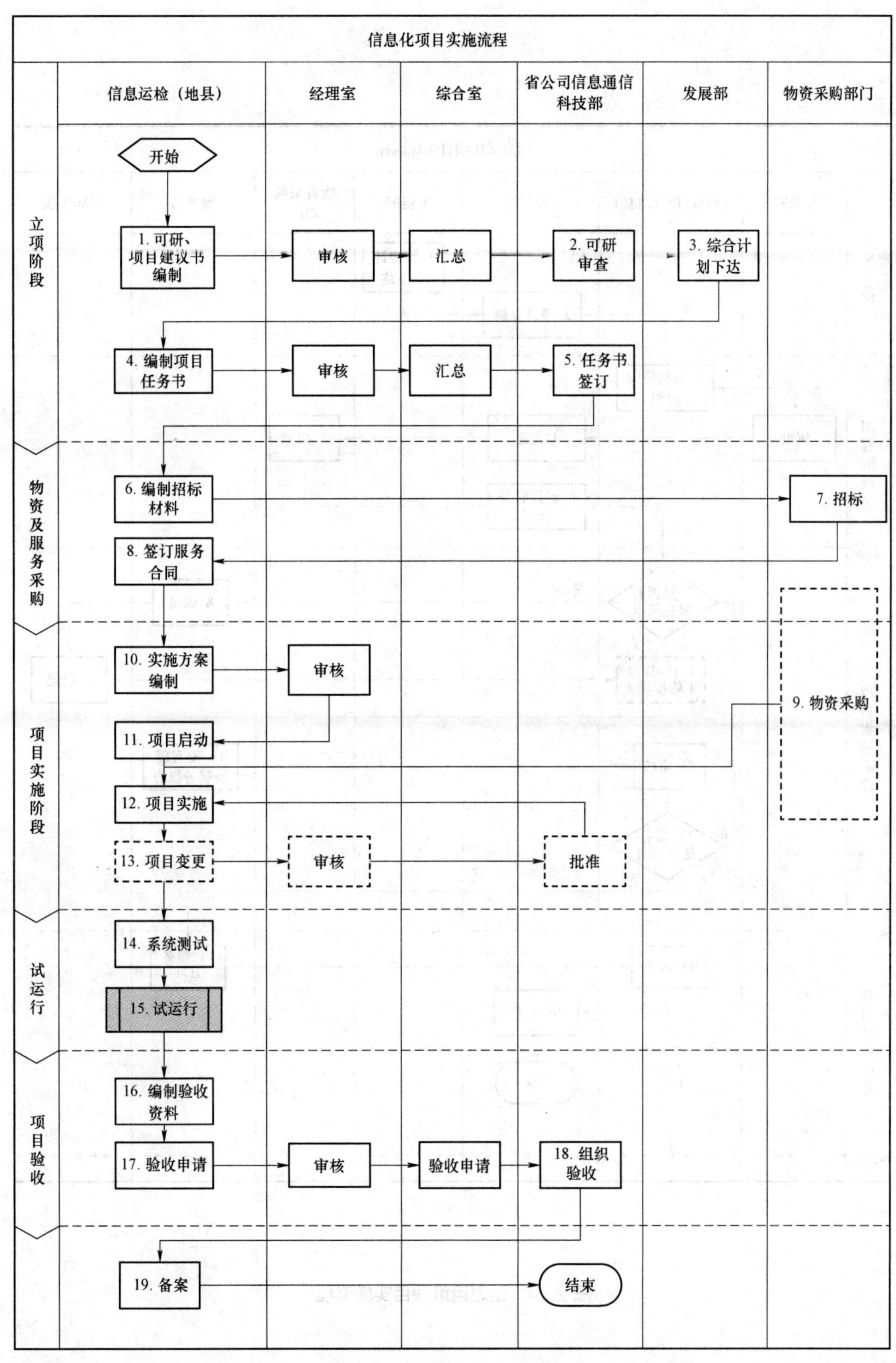

图2-3 信息化项目实施流程

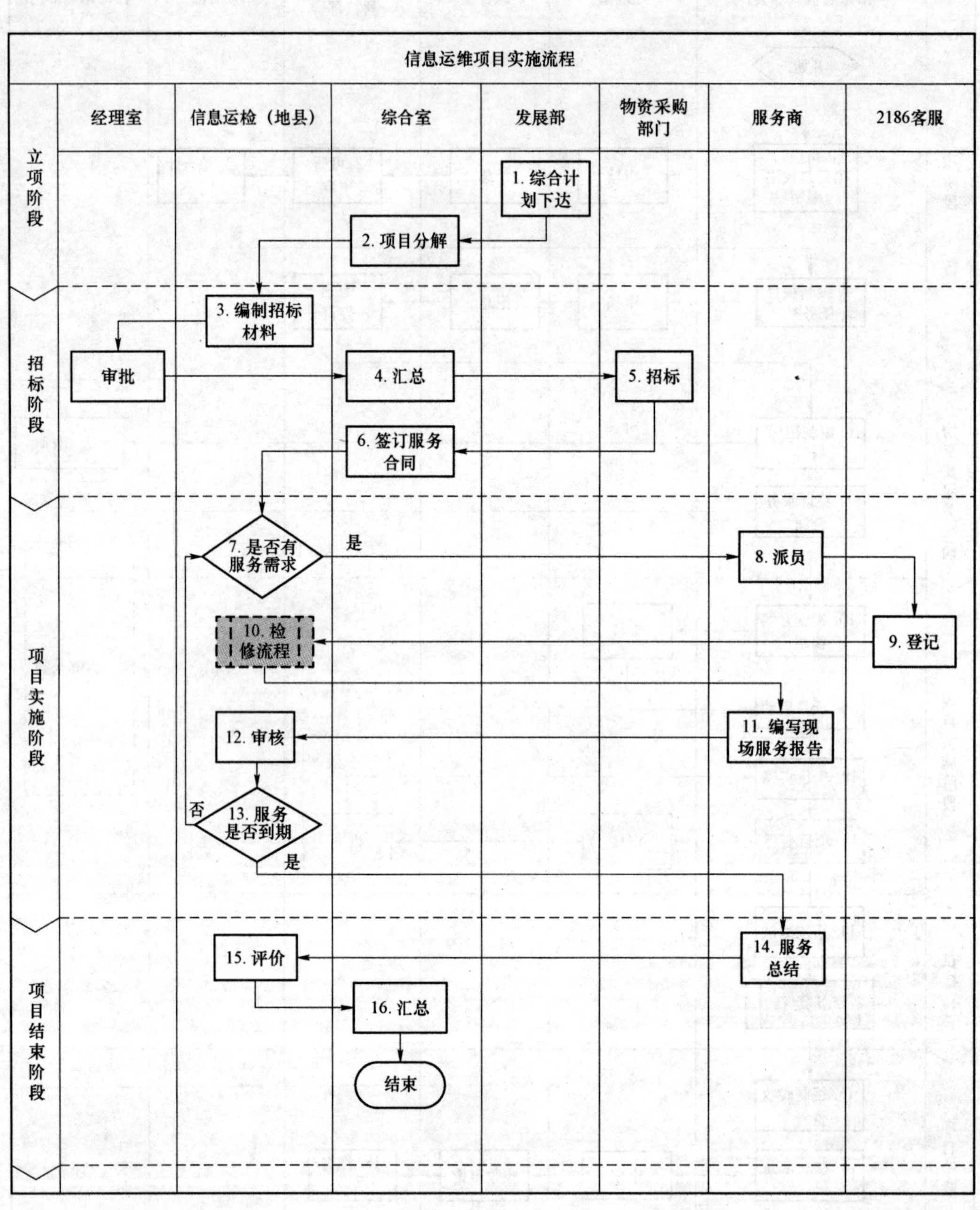

图 2-4　信息运维项目实施流程

表 2–1　　项目管理职责划分

项目分类	项目种类	原管理部门	现管理部门
信息通信建设	信息化建设项目	信息部门	科信管理部门
	通信技改项目	电网运行维护部门	
信息通信运维	信息资产运维项目	信息部门	
	通信大修项目	电网运行维护部门	
其他	研究开发项目	科技部门	
	群创项目	科技部门	
	零星购置项目	计划部门	
配套建设	电网基建配套项目	电网建设部门	电网建设部门
	用户工程建设配套项目	电网建设部门	电网建设部门
	小型基建配套项目	相关主体建设部门	相关主体建设部门

第二节　业　务　分　类

一、信息业务分类及运行维护方式

信息业务按照业务应用的重要性、业务信息敏感度、系统架构的复杂度、运维外包管控难度以及现有内外部运维资源承接能力等因素考虑，可以分为核心业务、常规业务和一般业务。信息业务运维分类见表 2–2。

表 2–2　　信息业务运维分类

业务分类	运行维护方式
核心业务	不外包，由主业人员负责运行维护
常规业务	可适当开展业务外包，宜委托内部集体企业负责运行维护
一般业务	可开展业务外包，可委托外部单位负责运行维护

（一）核心业务

核心业务是指与公司信息运行直接相关，包含企业管理敏感信息、属于企业管理核心环节的业务。

核心业务界定原则：

（1）与信息系统运行状态直接或密切相关的基础网络及系统平台运维工作；

（2）信息系统安全运行相关工作；

（3）信息系统基础应用的运维工作；

（4）包含企业管理敏感信息的信息系统运维工作；

（5）属于企业管理核心环节信息系统；

（6）属于国网公司统一管控考核的信息系统；

（7）涉及关键技术秘密、信息安全的系统。

（二）常规业务

常规业务是指与公司信息运行密切相关，不含敏感信息，对公司业务管理起到重要支撑作用，有助于提升业务管理水平，属于企业管理重要环节的业务。

常规业务界定原则：

（1）与信息系统运行状态关系不密切的基础网络及系统平台运维工作；

（2）各类信息设备硬件运维工作；

（3）受人力、技术、装备或时间等因素的制约，部分本单位无法自行实施完成的信息运维常规业务；

（4）不含敏感信息，对公司业务管理起到重要支撑作用，有助于提升业务管理的重要信息系统。

（三）一般业务

一般业务是指与公司信息运行关系一般，不含敏感信息，对业务部门提升工作效率起辅助性作用，属于企业管理一般环节的业务。一般业务主要为不影响管理业务正常运作的简单信息系统，以及部分受人力、技术、装备或时间等因素的制约，无法自行实施完成的信息系统常规运维业务。

一般业务界定原则：

（1）辅助设备、系统的维护或厂方服务；

（2）技术含量低且劳动密集型的工作；

（3）社会化程度高、不直接接触核心内容的辅助性工作；

（4）政府或监管机构指定相关专业机构开展的工作。

二、通信业务分类标准及运行维护方式

通信业务按照业务的重要性、信息的敏感度、系统架构的复杂度、运维外包管控

难度以及现有内外部运维资源承接能力等因素考虑，可以分为核心业务、常规业务和一般业务。通信业务运维分类见表 2–3。

表 2–3　通信业务运维分类

业务分类	运行维护方式
核心业务	不外包，由主业人员负责运行维护
常规业务	可适当开展业务外包，宜委托内部集体企业负责运行维护
一般业务	可开展业务外包，可委托外部单位负责运行维护

（一）核心业务

核心业务是指与公司通信运行直接相关，包含关系通信系统运行安全的核心信息管理、网管操作、电网安全生产应用系统等。

核心业务界定原则：

（1）与通信系统运行状态直接或密切相关的基础网络及系统平台运维工作；

（2）通信系统安全运行相关工作；

（3）涉及电网调控重要应用系统的运维工作；

（4）属于国家电网公司统一管控考核的通信系统。

（二）常规业务

常规业务是指与公司通信运行密切相关，不含系统安全运行信息管理，对公司业务管理起到重要支撑作用，有助于提升业务管理水平，服务电网安全生产的业务。

常规业务界定原则：

（1）与通信系统运行状态关系不密切的基础网络及系统平台运维工作；

（2）各类通信设备硬件运维工作；

（3）受人力、技术、装备或时间等因素的制约，部分本单位无法自行实施完成的通信运维常规业务；

（4）不含系统安全运行重要信息，对公司业务管理起到重要支撑作用的通信系统。

（三）一般业务

一般业务是指与公司通信运行关系一般，不含系统安全运行信息，对电网安全生产起到辅助性作用。一般业务主要为不影响管理业务正常运作的简单通信系统，以及部分受人力、技术、装备或时间等因素的制约，无法自行实施完成的通信系统常规运维业务。

一般业务界定原则：

（1）辅助设备、系统的维护或厂方服务；

（2）技术含量低且劳动密集型的工作；

（3）社会化程度高、不直接接触核心内容的辅助性工作；

（4）政府或监管机构指定相关专业机构开展的工作。

第三节 项目计划管理

信息通信建设类项目、信息通信运维类项目和其他项目中的零星购置项目计划统一下达至省公司，由省公司根据项目归属情况划分至地县供电企业信通部门开展项目实施工作。配套信息通信建设项目和其他项目（零购项目除外）计划下达地市信通实施。四类项目的操作方案如下：

一、信息通信建设类项目

（1）地县供电企业提报需求并编制项目申报材料，由地市信通组织审核，将同类项目整合后向省公司申报建设项目；

（2）上级各职能管理部门组织项目的可研评审和批复；

（3）省公司下达年度综合计划至地市信通并在 ERP 系统内进行项目统一建项；

（4）地市信通组织开展物资类、服务类采购需求及技术规范书的编制上报省公司，省公司组织开展物资类、服务类采购工作；

（5）地市信通根据项目归属确定项目经理人，由项目经理人开展属地项目的管理、站点的建设任务配合、现场管理和预验收；

（6）省公司组织开展项目结决算、项目审计和竣工验收工作。

信息通信建设类项目计划管理流程见图 2－5。

二、信息通信运行维护类项目

（1）地县供电企业根据设备健康水平和业务等级分类情况，提出信息通信运行维护类项目申报需求，由地市信通组织审核后向省公司申报运行维护项目；

（2）省公司对项目需求和可研进行预审以及优化平衡；

（3）上级各职能管理部门组织项目的可研评审和批复；

（4）省公司下达年度综合计划至地市信通并在 ERP 系统内进行项目统一建项；

（5）地市信通组织编制采购需求和技术规范书上报省公司，省公司组织开展采购工作；

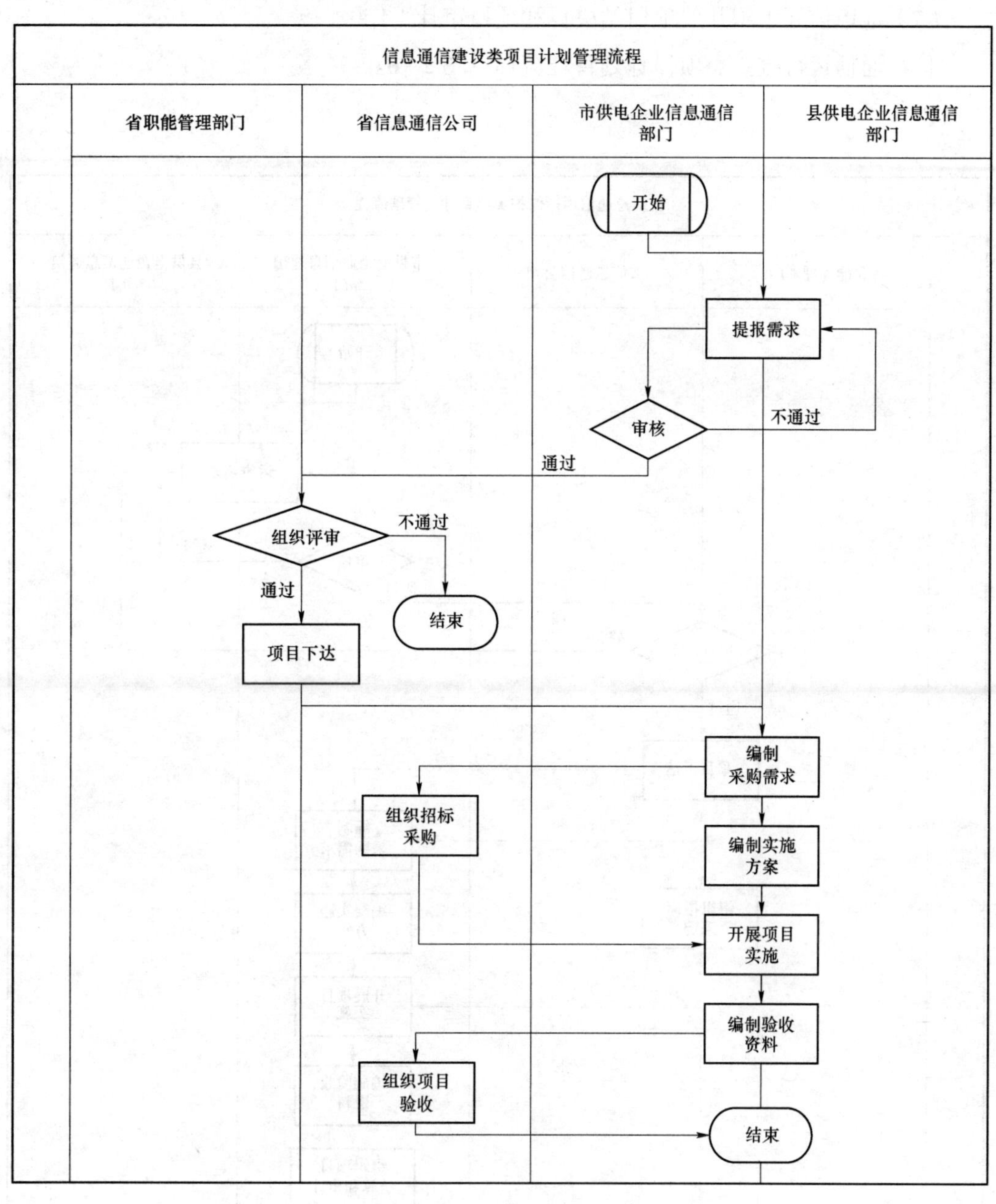

图 2-5　信息通信建设类项目计划管理流程

（6）地市信通根据中标通知书签订相应服务合同，并组织开展项目实施的属地管理；

（7）地市信通组织开展项目结决算和项目审计工作。

信息通信运行维护类项目计划管理流程见图 2-6。

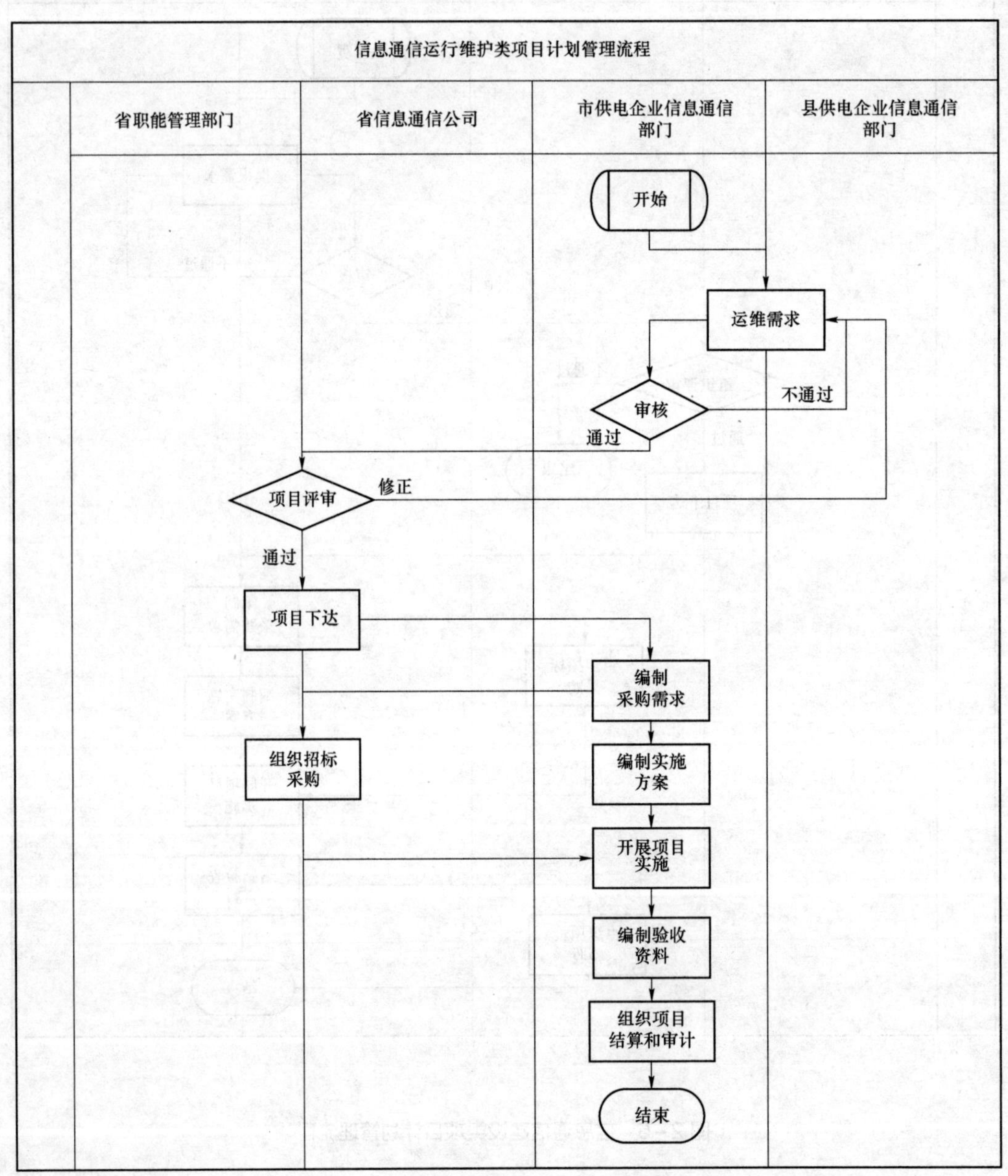

图 2-6　信息通信运行维护类项目计划管理流程

三、配套建设类项目

（1）基建、小型基建、用户工程等配套通信项目由地县供电企业各项目管理部门提出需求；

（2）地市信通对需求进行技术方案预审，并向省公司报备；

（3）各项目管理部门按原有流程开展可研、初设、物资采购、施工图设计、施工、验收、结算、审计工作；

（4）省公司负责项目操作的规范性、工程建设的标准化、技术应用先进性的管控；

（5）资产（含无形资产）暂计列在地县供电企业，待项目竣工决算后由省公司和地县供电企业财务部门及时办理划转手续。

配套建设类项目计划管理流程见图 2–7。

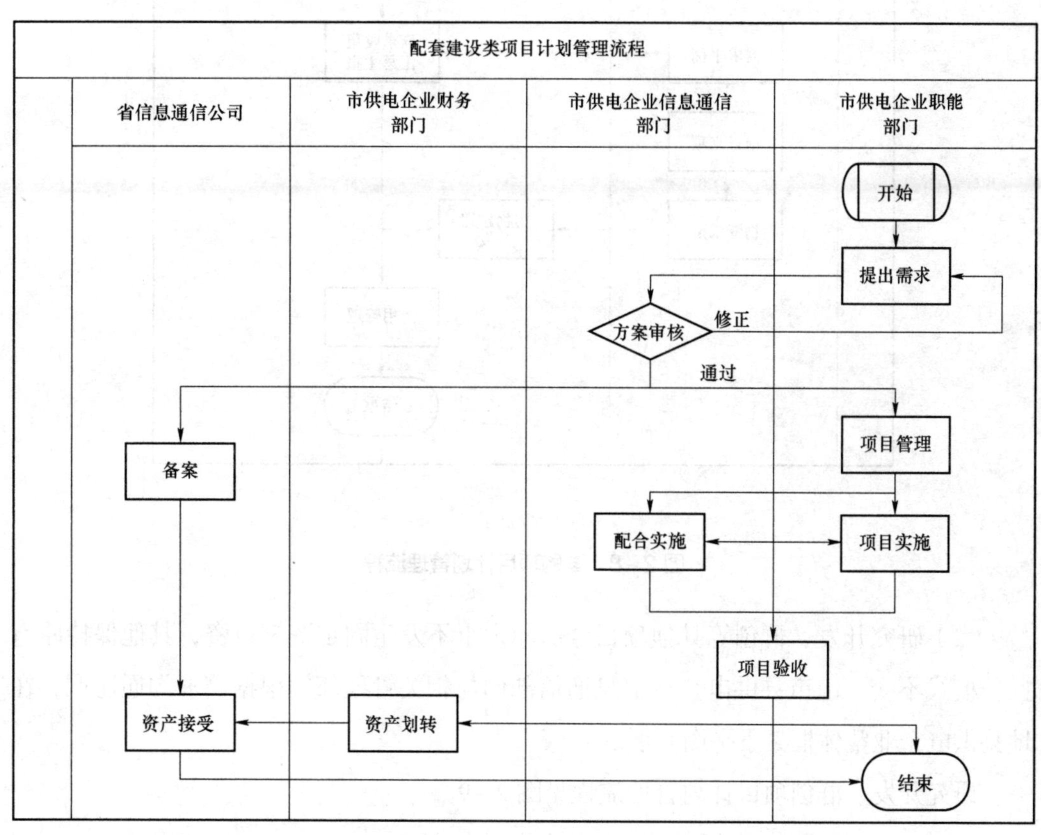

图 2–7　配套建设类项目计划管理流程

四、其他项目

（1）零购项目由省公司负责实施。地市信通汇总地县供电企业需求报送至省公司，由省公司汇总采购需求，统一立项，统一编制技术规范书，采购后统一配送至地市信通，资产直接计列至省公司，地市信通负责资产实物接收和后续使用管理。

零购项目计划管理流程见图 2-8。

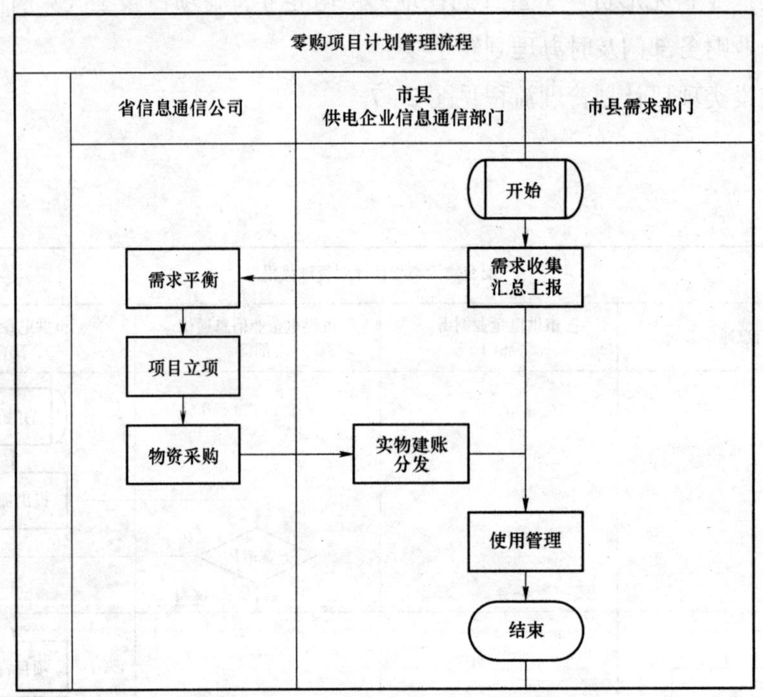

图 2-8　零购项目计划管理流程

（2）研究开发、群创等其他项目今后原则上不发生固定资产投资，其他保持原有操作模式不变，由市县供电企业信息通信部门与相关管理部门根据需求沟通协调，在地县供电企业整体框架下平衡开展。

研究开发、群创项目计划管理流程见图 2-9。

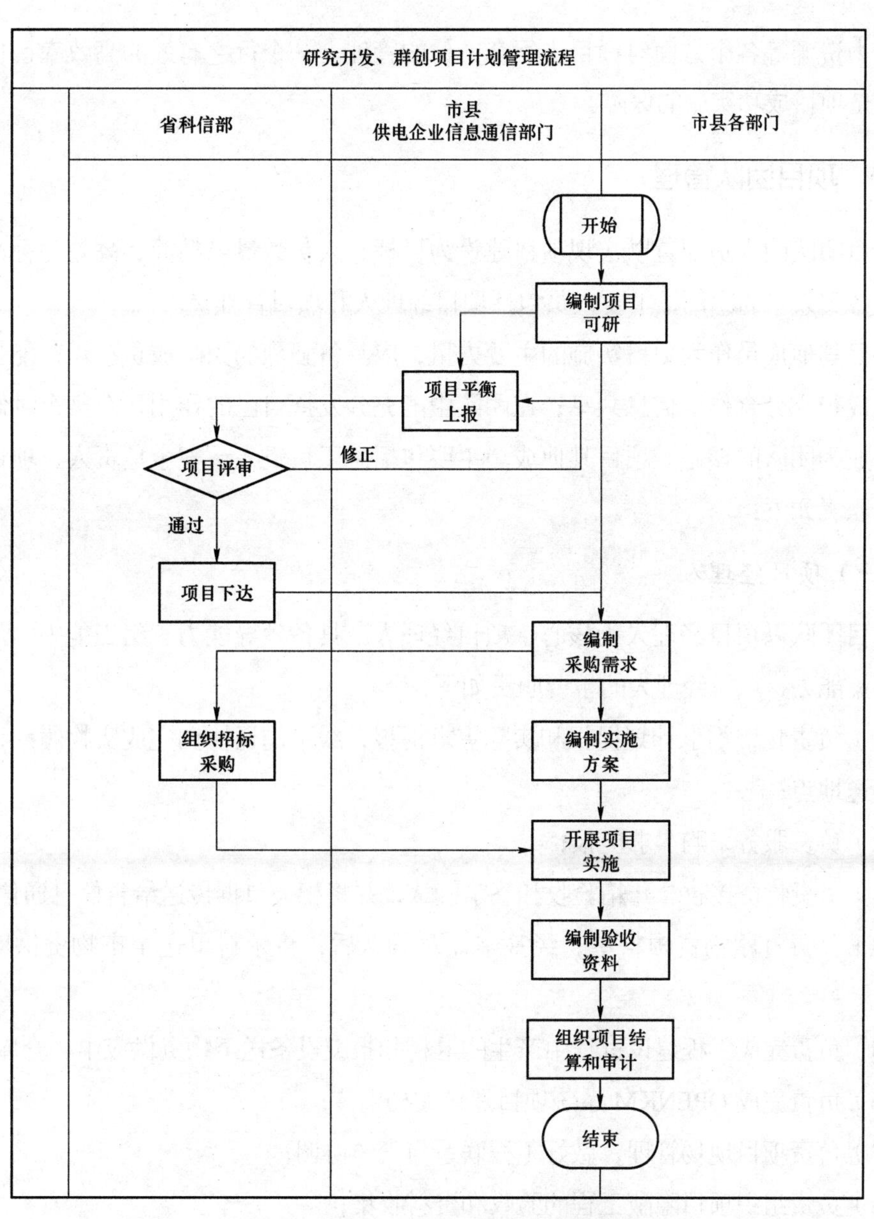

图 2-9　研究开发、群创项目计划管理流程

第四节　项目实施管理

项目实施管理是确保项目顺利推进的重要手段，项目计划管理和项目实施管理对项目的成功实施都具有重要意义，两者相辅相成。项目实施管理主要作用是合理安排项目进度，有效使用项目物资，优化项目人力资源。项目实施管理的核心是项目团队，项目团队不仅仅是项目的执行者，还需要在时间、成本、质量、风险控制、合同、采

购、人力资源等各个方面对项目进行全方位的管理。一个行之有效的高效率运作的项目团队是项目成功实施的保障。

一、项目团队管理

项目团队的人员配置以实现项目建设为目标，人员数量以精简、高效为标准，合理安排各类人员的比例，主要人员包括项目经理人和项目管理员。

项目其他成员作为项目实施的主要力量，应具备强烈的团队成员意识，能与团队中其他成员充分合作、信息共享；在团队中能充分发挥自己的作用，在某个时候或某个方面成为团队的核心。项目其他成员主要包括施工负责人、安全负责人，项目其他成员的职责如下：

（一）项目经理人

项目团队以项目经理人为核心，项目经理人应具备领导能力、组织能力、沟通能力和决策能力，项目经理人的主要职责如下：

（1）负责物资需求计划提报和实际需求提报，线下沟通协调完成实物履约，确定物资配送地点；

（2）负责服务采购需求提报；

（3）负责物资接收、开箱验收和签字确认，并将相关单据传送给省信息通信公司；

（4）负责打印物资领料单，经签字盖章确认后，将领料单送至市物资供应中心仓库；

（5）负责完成工程建设过程中产生的退料和报废设备送至物资供应中心仓库；

（6）负责完成 OPENKM 系统项目建设文档上传；

（7）负责项目现场管理，做好工程联系与工作协调；

（8）负责组织项目隐蔽工程的验收和资料收集；

（9）负责整理、编制项目竣工资料。

（二）项目管理员

项目管理员作为项目团队的主要成员，在项目实施管理起到承上启下的作用，需具备一定的物资采购、资金财务方面的技能，能从更宏观的角度了解整个项目内容和进程。项目管理员主要职责如下：

（1）负责收集年度国网、省公司年度集中采购目录和批次招标采购及协议库存采购情况，汇总项目物资采购计划，提报相应批次采购申请；

（2）负责起草项目服务采购合同，并根据服务采购批次提报采购申请；

（3）负责完成物资及服务采购费用结算，发起发票校验申请及资金支付申请流程；

（4）负责收集项目竣工资料，并向省信息通信公司提交验收申请书；

（5）负责完成项目结算工作。

（三）施工负责人

（1）负责编制项目的实施方案，提交项目管理部门审核通过后应用于项目实施的全过程；

（2）负责编制项目实施的组织措施、安全措施、技术措施及应急预案（简称“三措一案”），并组织所有施工人员进行学习并严格执行；

（3）负责现场施工工作票、操作票的申请、办理、实施和终结的全过程办理，并对现场施工的技术要求进行落实和监督；

（4）负责上报现场施工中隐蔽工程资料的收集、提交验收申请并参与验收工作。

（四）安全负责人

（1）负责对施工人员开展安全教育培训，签订安全协议；

（2）负责现场施工安全与质量监督，现场作业“两票三制”和现场安措的落实情况；

（3）负责完成对现场施工“三措一案”的审核，并落实到实处；

（4）负责开展对现场作业不定期的安全稽查工作，对稽查发现的问题督促整改。

二、项目进场管理

项目进场开工前，项目经理人与施工人员做好技术交底工作，并与施工负责人签订“项目进场开工单”，明确项目实施的进度、安全、质量、工艺、考核等方面的要求。项目经理人根据项目管理甘特图的时间顺序，组织项目成员完成“三措一案”、项目验收标准的编制工作，并将“三措一案”、项目验收标准等内容作为与施工人员技术交底的重要部分。

有些项目施工人员没有在供电企业的施工经历，因此项目经理人在施工人员进场前必须要对施工人员开展《国家电网公司安全工作规定》的培训工作，对项目实施涉及的安全风险需结合实际案例进行重点讲解。培训完成后，对所有施工人员进行安全考试合格后方可进入施工现场进行工作。

由于项目实施现场的差异，项目经理人应在项目实施进场前认真开展现场勘查，做好实施现场的危险点分析和预控措施，特别是针对野外施工地点，根据季节特点做好防寒、防暑、防雨、防雪等措施。

三、项目物资管理

项目物资管理一般是指项目实施过程中各类设备、主材、辅料的收货、采办、保管、使用、建账等工作的统称。项目物资管理贯穿项目实施的全过程，为确实做好项目物资管理，项目团队应指定专人或由项目经理人兼任物资管理工作。

及时做好项目物资收货管理，确保项目设备、物资的及时到位是项目顺利实施的重要保障。为确保工程建设进度，项目经理人应预先完成项目设备和物资的领用工作，并根据项目甘特图的时间节点将施工设备和物资的及时送到施工现场。在接受项目设备和物资，组织开展设备、物资的开箱验收，可及早发现设备到货数量不符、型号有误、附件缺少等问题，并及早解决。现场开箱验收一般由物资采购部门、项目管理部门、项目实施部门、物资供货厂商等人员一起进行，如果项目实施比较紧急，现场验收人员无法在短期内召集，最少也需要物资采购人员、项目经理人、项目实施人员等三人以上开展现场开箱验收工作，并做好现场验收的记录工作。

物资的现场管理也是保障项目按计划实施的重要措施。暂时还没有完成安装的设备、实施过程中产生的多余线缆、退役设备等需要集中保管，并做好防潮、防雨、防盗等措施。按照项目实施进度，统一完成余料返库和设备报废工作。对项目实施过程中所需要的安装辅料、工具等，在实施前做好需求统计和采购，确保安装辅料足量配备，不因辅料不足而影响工程实施进度。物资现场管理还包括在设备采购合同中购置的备品备件，以及在设备完成安装后部分因需求不同而暂时不安装的设备组件，项目经理人应及时登记在册、妥善保管，在设备验收时移交设备运行部门。

设备台账管理也是物资管理的重要组成部分。供电企业中设备台账一般采用设备管理信息系统中统一建账。为防止设备台账的漏建、错建，项目团队应及时完成设备台账的建账工作。项目设备建账工作需要完成基本信息、采购信息两类数据的填写，特别是设备投运时间、设备型号、设备序列号、项目号、采购合同编号、资产原值等与项目实施相关的数据。设备台账示意见图 2-10。

四、项目施工管理

项目施工管理是项目能否正常开展、按期完工的重要保证，施工管理主要体现在对项目实施过程中的安全、质量、工艺、进度等方面的管理。其中，安全管理是生命线，质量和工艺管理是手段，进度管理是目标。

安全管理首先要施工安全管理制度，落实安全生产职责制，并贯彻执行。同时要做好现场安全措施，必要时指定专职监护人，确保不发生人身伤害、设备损坏、影响电网安全运行事故。针对项目实施特点做好危险点分析、采取充分的预控措施，确保

基本信息

设备分类	主机设备	设备类型	小型机	一级单位	国网浙江省电
二级单位	国网浙江省电	三级单位	国网浙江省电	设备名称	湖州公司小系统Ora
制造国家	中国	制造商	国际商业机器	品牌	IBM
系列	eServer P5	型号	eServer P5	设备状态	在运
投运日期	2007-07-05	用途	小系统Oracle服务	国网编号	zjhu0-11ce-aEDC-0
备 注	省公司统一维保	是否同步至ERP	是		

采购信息

采购方式	单位自购	设备增加方式	固定资产增加	设备变动方式	固定资产增加
资产性质	省(区、市)公	资产原值(元)	500,000	产权归属	湖州电力公司
ERP维护工厂	国网浙江省电	ERP_WBS	7111UZ0760120	采购合同编号	SGZJHU00XTYJ07
采购日期	2007-06-13	供应商	国际商业机器全球	供应商联系人	陈×
供应商联系...	1367345××××	出厂编号	06-7A6AF	出厂日期	2007-06-13

服务信息

售后服务到...	2012-12-30	服务合同编号		服务商	
服务级别		服务开始日期		服务到期日期	
服务商联系人		服务商联系...		审核状态	已审核
最后审核日期	2012-08-01				

图 2-10　设备台账示意

现场施工人员的安全。正确使用安全防护用品，对施工中使用的各类工器具做好绝缘防护和安全操作提示。对项目实施时可能发生的交通事故、火灾火警、高空坠落、搬运脱手等意外事件要预先做好防范措施，必要时在施工人员中配备具有紧急救护知识的人员参与现场工作。

工程实施过程中需对运行设备进行操作的，应预先与设备运行部门进行沟通、充分考虑工程施工对信息通信网络和业务的影响，严格按检修规程办理审批手续后开展工程施工。

开展施工质量管理首先要制定工程实施工艺标准，对施工作业的每一步骤开展标准化作业的要求。在工程实施技术交底会上，对施工人员详细讲解工程设计图纸和施工工艺要求。在项目实施过程中，项目经理人随时组织项目团队成员进入施工现场开展施工质量检验工作，检查设备安装是否牢固、整齐；布线是否美观大方；所有设备、线缆是否加装标签标识，标签标识内容是否与实际相符；测试指标是否达到设计要求等。做好施工质量的过程管控，发现质量及工艺问题，及时整改，不发生因质量及工艺问题而大规模的返工而影响施工进度。

对大型工程的实施，为确保工程实施的质量，应安排工程施工监理，由专业的工程监理人员开展质量监理活动，落实施工人员和监理人员的施工质量责任，做好过程控制，加强施工现场质量管理中重要环节管控，确保质量目标的实现。

加强施工工期和施工进度管理，确保工程按期完成。项目经理人要做好质量与进度的平衡，不盲目压缩工期，不顾质量赶超工期，避免因质量问题导致的返工。加强项目物资管理和施工人员管理是确保施工工期按期完成的重要保障。项目团队要及时完成项目物资的采购并配送至施工现场。及时了解施工人员的工作状态，对施工人员开展人员激励，通过认可施工人员的工作成果，让施工人员认识到自己工作的价值，从而激发工作积极性和主动性。人员激励可以采用口头表扬、书面通报、施工考核加分等手段实现。

五、项目验收管理

项目验收主要包括随工验收、隐蔽工程验收、完工验收、竣工验收等方式。这些验收方式相辅相成，贯穿在项目实施的全过程。项目验收管理是项目实施的关键，通过严格的验收管理，能尽早发现施工中遗留的隐患并解决处理。

随工验收是指在工程项目阶段性施工完成后开展的验收工作。做好随工验收是为了把控好上一阶段的工程实施质量，严控前道工程工艺的瑕疵不影响下道工程的实施质量。在工程项目阶段性施工完成后，项目经理人应及时组织项目随工验收，并做好随工验收资料的收集和存档。对随工验收中发现的问题需组织施工人员限时开展问题处理工作，以免影响后续工程的实施。

隐蔽工程验收是指某项工作在实施结束后将覆盖、掩埋或封闭的单项工作的验收。在隐蔽工程覆盖、掩埋或封闭前，项目经理人应及时组织隐蔽工程验收，并保留隐蔽工程影像资料，在必要时，隐蔽工程验收需经监理人员的签字确认。

完工验收是指在项目实施工作全部完工后进行项目实施质量的验收工作，完工验收的正常开展为项目试运行提供了保障。完工验收包括工程实施全过程的实施质量工艺评价，实施过程文档资料的审查，工程实施剩余设备、材料的移交等内容。完工验收后，运行人员正式接手并开展试运行工作。

竣工验收是指项目完工后，依据国家及行业有关法规、标准和规范，根据项目设计和建设过程中的相关文件资料，对项目进行的总体验收。竣工验收主要包括提交验收申请、制定验收方案、资料审查与测评、形成验收结论等四个环节。

（一）提交验收申请

项目完工后上线稳定运行三个月并经业务部门认可后，项目经理人应向项目管理部门提出验收申请。提出验收申请前，须完成随工验收、隐蔽工程验收、完工验收、上线试运行等过程中发现的各种隐患、缺陷、故障的处理。项目团队在提出验收申请前，完成项目归档资料的收集、整理、编制工作。各类项目归档资料清单见表 2–4。

表 2–4　各类项目归档资料清单

序号	资料分类	资 料 名 称	项目类型
1	项目计划资料	下达计划文件（国家电网公司、省公司、市公司）	全部
2	项目可研	项目可行性研究报告（或项目说明书）	全部
3		可研评审意见	
4		可研批复文件	
5	采购资料	采购文件（技术规范书、应答文件）	全部
6		中标通知书	
7		软硬件采购批复文件（若有需提供）	
8	项目合同	项目合同（服务、物资、设计、监理等）	全部
9		物资到货验收单（若有软硬件采购需提供）	
10		合同变更文件（若有变更需提供）	
11	过程文档	系统设计报告及评审意见（概要设计、详细设计）	信息通信建设类 配套建设类 研究开发 群创
12		需求（变更）说明书及评审意见（若有变更需提供）	
13		集成测试报告	
14		用户手册	
15		系统部署方案	
16		数据字典或数据库设计说明书	
17		用户确认测试报告	
18		第三方测试报告	
19		安全评估报告	
20		系统管理员手册	
21		上线试运行申请单	
22		用户使用反馈报告	
23		上线试运行验收报告	
24		施工方案、施工安全技术交底	信息通信建设类 配套建设类
25		施工安全措施、组织措施、技术措施、应急预案	
26		开工申请单	

续表

<table>
<tr><th>序号</th><th>资料分类</th><th>资 料 名 称</th><th>项目类型</th></tr>
<tr><td>27</td><td rowspan="7">过程文档</td><td>验收记录（随工验收、隐蔽工程验收、完工验收）</td><td rowspan="2">信息通信建设类
配套建设类</td></tr>
<tr><td>28</td><td>工程声像资料</td></tr>
<tr><td>29</td><td>服务（月、季、年）报（包含服务质量评价记录）</td><td rowspan="4">信息通信运行维护类</td></tr>
<tr><td>30</td><td>巡检报告（服务内容中有需提供）</td></tr>
<tr><td>31</td><td>系统应急预案及快速恢复方案</td></tr>
<tr><td>32</td><td>运维服务方案</td></tr>
<tr><td>33</td><td>物资入库记录单</td><td>零星购置</td></tr>
<tr><td>34</td><td rowspan="8">验收文档</td><td>验收申请单</td><td rowspan="4">全部</td></tr>
<tr><td>35</td><td>总结报告（工作报告、技术报告、运维总结报告）</td></tr>
<tr><td>36</td><td>结算表（含合同清单及费用使用情况）</td></tr>
<tr><td>37</td><td>验收报告</td></tr>
<tr><td>38</td><td>用户报告（含用户使用情况证明）</td><td rowspan="4">信息通信建设类
配套建设类
研究开发
群创</td></tr>
<tr><td>39</td><td>用户测试报告</td></tr>
<tr><td>40</td><td>竣工图纸</td></tr>
<tr><td>41</td><td>消缺闭环单（验收记录）</td></tr>
</table>

注　1. 项目类型包括信息通信建设类（信息化建设、通信技改）、信息通信运行维护类（信息资产运维、通信大修）、配套建设类（电网基建配套、小型基建配套、用户工程建设配套）、其他类（零星购置、研究开发、群创）。
2. 本资料清单为参考，根据项目实际情况可进行调整。

（二）制定验收方案

验收申请受理后，由信息化管理部门会同有关业务部门制定验收方案。验收方案主要包括：

（1）确定验收方式，根据项目实际情况，可统一组织验收或安排各单位独立组织验收。

（2）建立验收组织机构，根据需要成立验收委员会或验收工作组，下设资料审查组、系统测试组等。

（3）明确验收具体内容，根据项目规模和性质，确定系统测试具体形式，提出项目验收所要准备的资料。

（4）制定验收计划，明确资料审查、系统测评、验收会议等的时间安排。

（三）资料审查与测评

具体验收包括资料审查和系统测评两个方面。资料审查主要检查项目建设的批复文件及有关档案，单项设计、开发、实施、集成、验收等技术档案，检查各类标准、管理文件、过程控制文件等档案资料是否齐全，检查项目建设中发生的重大变更是否获得项目批复机构批准。检查项目团队是否向运维单位移交系统技术文档、运维管理手册、系统配置说明、用户配置表、系统管理权限以及技术支持联系方式等资料，是否完成运维培训。系统测评主要对系统的功能性测评和非功能性测评，形成系统测评报告。功能性测评主要检查系统是否满足设计方案和合同约定的功能，满足实际应用需求。非功能性测评包括系统压力测试与安全评估，重点考察系统的集成性、健壮性、稳定性、安全性、可维护性、复合响应能力、自动监测能力、与架构符合度等指标。

（四）形成验收结论

验收委员会根据资料审查和系统测评情况，根据需要召开验收会议，形成验收意见和结论，写入竣工验收报告。验收意见应明确给出验收结论。验收结论可分为“通过”“进一步完善后重新审议验收”“不通过”三种。对于验收发现的问题，要明确整改内容、责任单位及时间要求，项目团队应采取措施按要求认真处理。项目通过验收后，项目验收意见印发至项目申报单位，对于验收结论为“通过”的项目正式移交项目申报单位开始运行。对于验收结论为“进一步完善后重新审议验收”项目，继续开展三个月试运行工作，在试运行结束后再次提出验收申请。对于验收结论为“不通过”的项目由信息化管理部门依据实际情况，提出处理意见。由于不可抗拒等因素造成责任书或合同无法全部执行的，项目申报单位应需提交相关报告和经费决算表，同时提出项目终止申请，由信息化管理部门审查后，同意项目终止。

第三章
调 度 监 控

调度监控是监控信息通信系统的运行情况，根据系统运行情况协调、指挥信息通信运维检修工作，确保信息通信系统安全运行。为实现地县信通业务一体目标，必须改变原有地县调度监控分散的状况，通过技术改造和流程调整，实现地县集中调度监控，提高调度监控工作效率。

第一节 技 术 支 撑

一、传输网络统一组网

（一）地县传输网管集中部署

在地市信通统一构建网管中心，集中网管服务器，县公司传输系统通过交换机接到服务器，县公司配置一台终端，用于辅助监控和应急配置。为保证系统的可靠性，每个县公司至地市信通各开通两条网管通道。为实施传输网管的集中部署，编制地县传输网管集中部署方案和实施方案，统一地县设备管理地址分配、网管设备名称和网管电路名称。地县网管集中拓扑见图 3－1。

（二）地县集约化传输组网

地市信通在县公司通信传输网络接入时，考虑到设备品牌与地区公司相同，都采用同一品牌，在组网时打破原先地县各自组网的模式，由地市信通统一分配地址和安排接入方式，将县公司传输网通过县公司大楼和县域境内的 220kV 变电所两点接入地市公司传输网，实现业务的双汇聚、双上联，形成了地县集约化传输网络架构，地县以分权分域的方式进行远程监控和配置。地县传输网络统一建设，将提升通信网络跨地区的应急迂回保障能力，为业务流程优化提供保障。地县一体化传输网络拓扑见图 3－2。

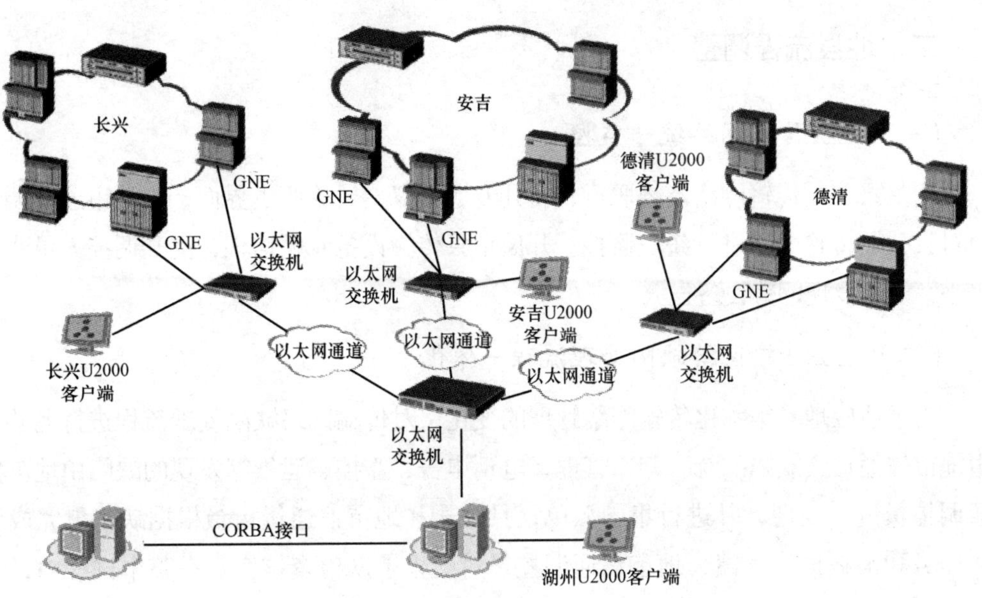

图 3-1 地县网管集中拓扑图

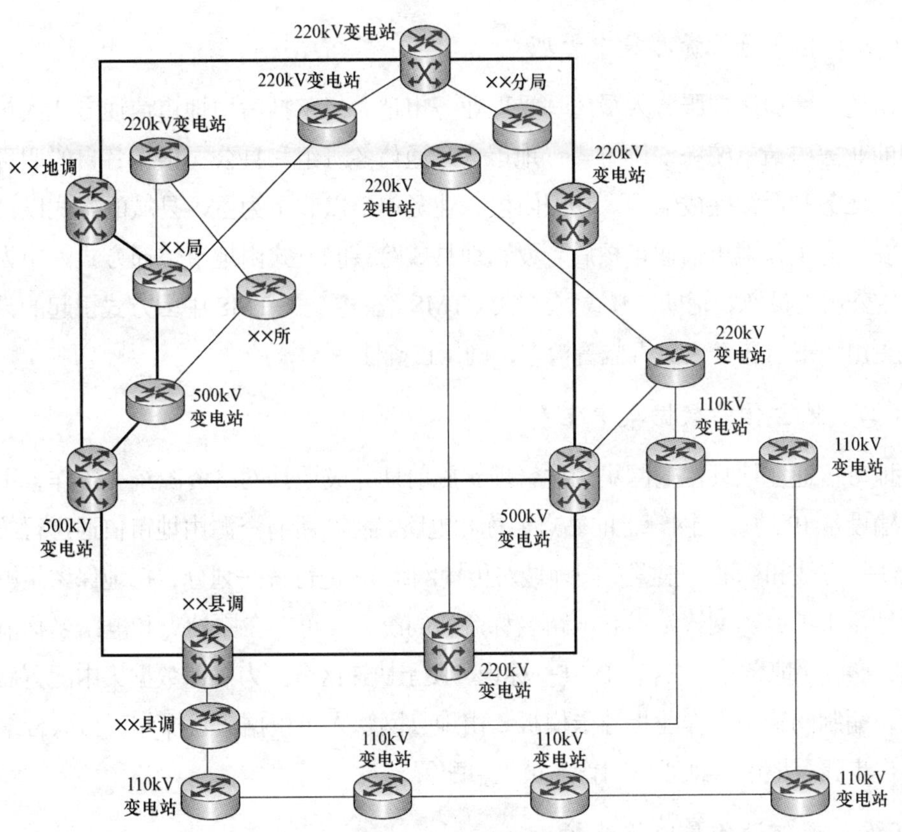

图 3-2 地县一体化传输网络拓扑图

二、地县流程调整

（一）地县传输网络统一监控

调整县公司传输网络监控职责，召开专题会议，讨论职责界面，由地市通信调控员对县公司传输网络进行统一监控。开展地县传输设备专题培训，提升调控人员业务水平，及时发现网管设备告警。

（二）地县传输网络缺陷处理流程一体化

为了适应地县集约化传输网络管理的变化，对传输网络缺陷处理流程进行调整，由地市信通负责缺陷的统一归口管理，电话申告、监控、运维等发现的缺陷由地市信通调控员统一受理，并进行集中派单，县公司和地市信通运检员根据缺陷单完成消缺任务和消缺情况反馈，地市信通调控员对结果予以检查核实。在整个过程中，通过国家电网公司通信管理系统（简称 TMS）进行缺陷流程管控，实现缺陷记录的电子化管理。

（三）地县通信资源集中管理

由地市信通客户服务人员统一受理业务申请，经审批后由地市信通方式人员根据受理的业务申请单统一安排方式，地市信息通信各班组和县公司根据各自的职责完成方式单任务和反馈完成情况。初级阶段，业务申请以线下为主，县域的方式以县公司人员安排为主，地市信通审核后下发；地县或跨县的方式由地市信通方式人员为主编制，县公司人员做好辅助。方式安排纳入 TMS 统一管理，TMS 中因方式引起的县或数据变更由地市信通专人负责监督检查，确保正确性。

（四）地县传输数据集中配置

地市信通在地县传输网集约化管理实施前期完成地县网络资源统一工作，主要包括传输设备 IP 地址、网管上的站点名称和电路名称。所有资源由地市信通进行统一规划、统一方法和标准。根据不同地域对传输网络 IP 进行统一划分，每地保留足够的空闲地址用于扩容。网管站点和电路名称命名的统一，可以在原站点和电路名称前增加地名，形成“地名+站点名”的唯一标识，便于快速区分。为确保数据集中配置后的正确性，编制网管操作作业指导卡模板，由地县网管人员根据实际操作项目联合编制具体操作步骤，地市信息通信网管人员集中配置。

（五）通信设备属地化维护

根据《国网浙江省电力公司通信系统属地化建设与运维工作实施指导意见》落实

地县公司传输设备的属地化维护工作。县公司县域范围的 110kV 及以下站点的传输设备，110kV 及以下站点间的光缆均由县公司运维，并按照相关管理要求由县公司在 TMS 中统一申报检修计划和检修申请，通过属地化运维和统一管控，提升了县公司通信人员的技能水平，规范了县公司通信管理，为今后全面推进设备属地化维护提供了良好的基础。

三、地县职责调整

为了实现地县信息通信调度监控业务一体化，对地市信通和县公司的职责进行调整。

（一）地市信通

（1）接受上级调度监控的指挥，负责执行、协调管辖范围内信息通信系统的运行工作；

（2）负责所属运行监控范围内信息通信系统的运行监控；

（3）负责所辖范围信息通信缺陷受理、初步审核、定级和二次派单工作，负责消缺方案的审核，并组织实施消缺及上报工作；

（4）负责编制地县信息通信运行方式，监督、协调、确认管辖范围内运行方式执行；

（5）对发现的信息通信系统故障及时报告上级。

（二）县公司

（1）对发现的信息通信系统故障及时报告地市信通；

（2）在地市信通调控员的统一指挥下开展所辖信息通信系统的消缺工作；

（3）协助地市信通开展所辖信息通信系统的方式编制工作，并根据下达的方式开展现场实施。

四、系统流程调整

为了实现地县调度监控流程的一体化，需要对 TMS 系统中的流程进行调整，由于 TMS 系统中没有县公司层级，通过在 TMS 系统中新建县公司人员账号，并按照地市通信运检员的权限模式赋予县公司人员检修申请和审核权限，通信检修由县公司和地市信通双重审核，在系统中实现了通信检修流程的地县一体化流转。

第二节 业 务 流 程

一、日常监控

由地市信通调控员对地县公司信息通信系统进行统一的日常监控工作，开展实时监控，定期进行记录。根据监控的状态启动缺陷流程、检修流程或方式流程，必要时由地市信通网管人员进行配合，并及时将有关流程单归档。日常监控流程见图 3–3。

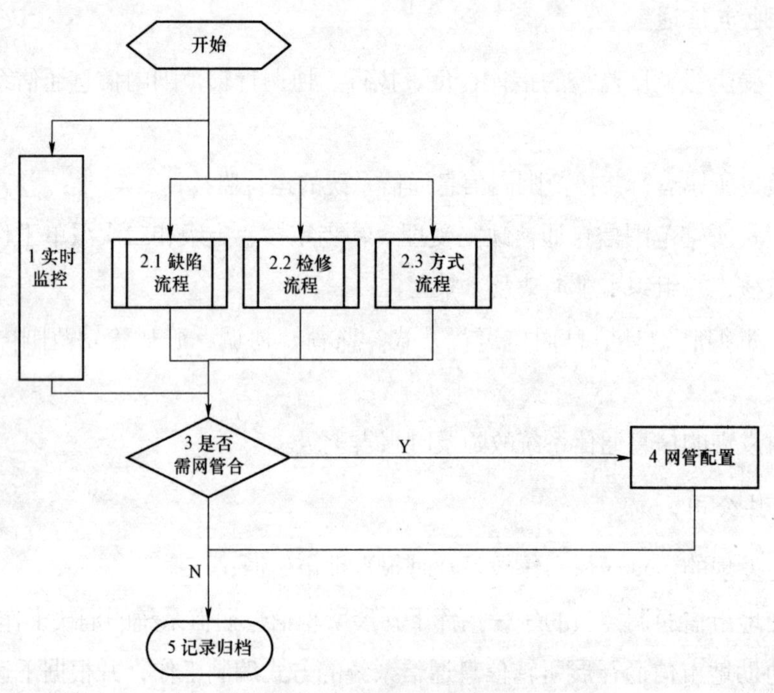

图 3–3 日常监控流程

二、缺陷流程

由地市信通负责缺陷的统一归口管理，集中派单，县公司和地市信通运检人员根据缺陷单完成消缺任务和消缺情况反馈，地市信通调控员对结果予以检查核实。缺陷处理流程见图 3–4。

（1）信通运检人员（含县公司）：处理地市信通调控员下达的缺陷单，并反馈处理结果；编制缺陷处理报告。

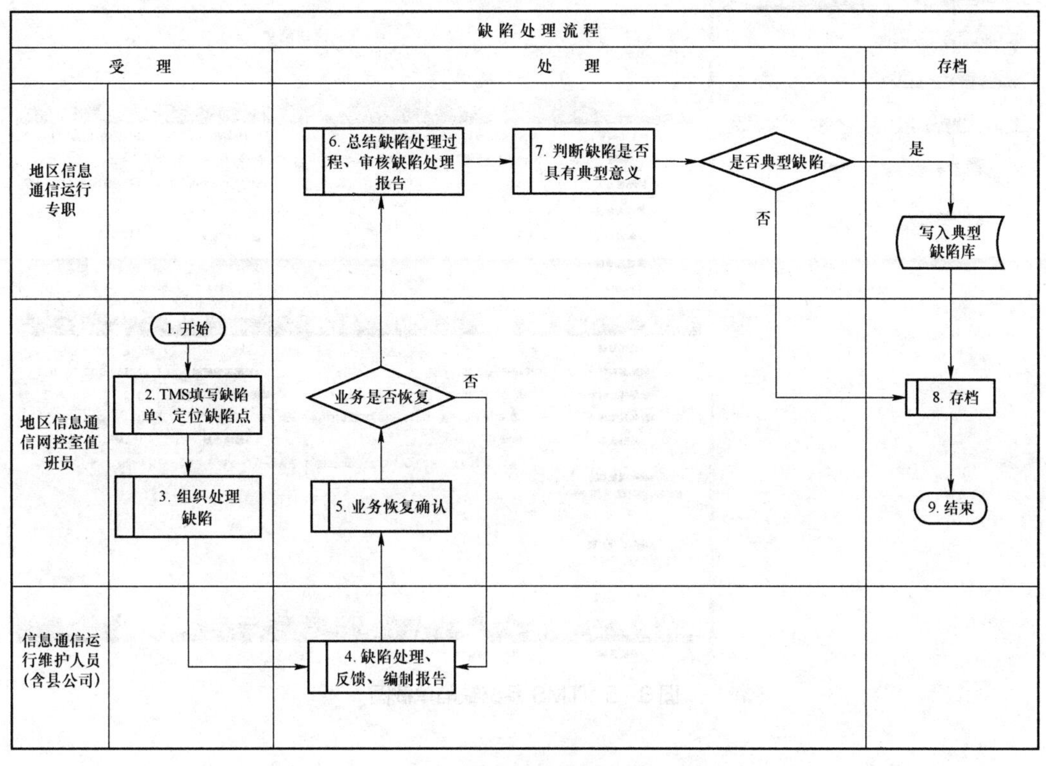

图 3－4　缺陷处理流程

（2）地市信通调控员：对发现的缺陷填写缺陷单，并初步判断缺陷原因，定位缺陷点，并联系相关人员进行消缺工作。在信通运检人员（含县公司）汇报消缺工作结束以后，查看业务是否已恢复，如已恢复向地市信通运行专职汇报，若业务未恢复，通知信息通信运检人员（含县公司）继续排查。消缺结束后，将地市信通运行专职审核后的缺陷处理报告进行存档。

（3）地市信通运行专职：总结缺陷处理过程，审核缺陷处理报告，并交由地市信通调控员归档。若发现缺陷有典型意义，则写入典型缺陷库。

TMS 系统缺陷单见图 3－5。

三、业务方式流程

由地市信通方式人员根据受理的业务申请单统一安排方式，地市信息通信各班组和县公司根据各自的职责完成方式单任务和反馈完成情况。业务方式流程见图 3－6。

（1）业务申请人：业务申请提交。

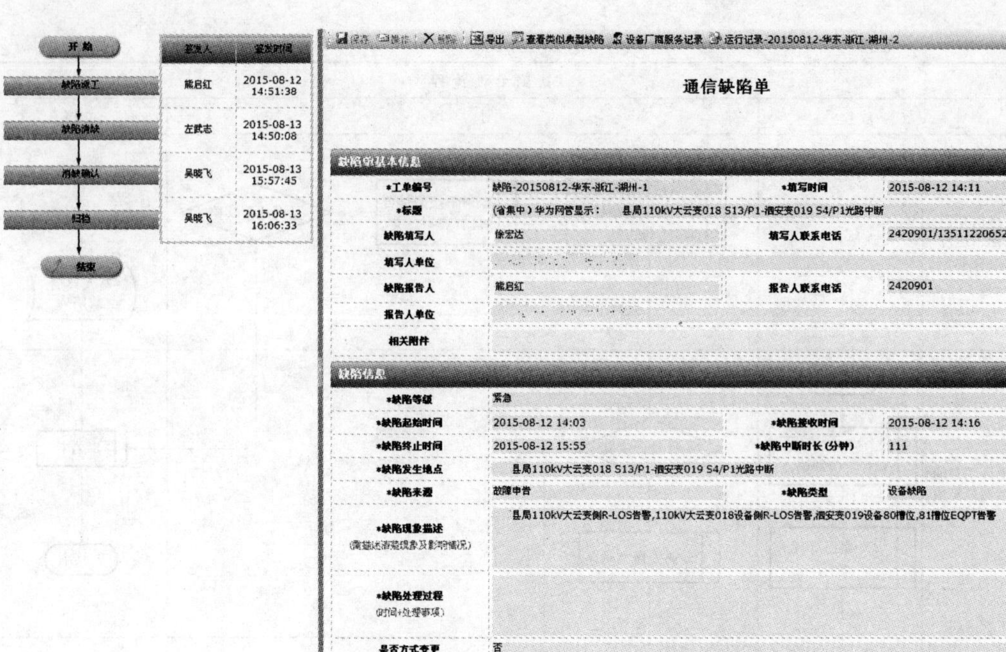

开始 → 缺陷派工 → 缺陷消缺 → 消缺确认 → 归档 → 结束

签发人	签发时间
熊启红	2015-08-12 14:51:38
左武志	2015-08-13 14:50:08
吴晓飞	2015-08-13 15:57:45
吴晓飞	2015-08-13 16:06:33

导出 查看类似典型缺陷 设备厂商服务记录 运行记录-20150812-华东-浙江-湖州-2

通信缺陷单

缺陷单基本信息

*工单编号	缺陷-20150812-华东-浙江-湖州-1	*填写时间	2015-08-12 14:11
*标题	(省集中)华为网管显示：　县局110kV大云变018 S13/P1-泗安变019 S4/P1光路中断		
缺陷填写人	徐宏达	填写人联系电话	2420901/13511220652
填写人单位			
缺陷报告人	熊启红	报告人联系电话	2420901
报告人单位			
相关附件			

缺陷信息

*缺陷等级	紧急		
*缺陷起始时间	2015-08-12 14:03	*缺陷接收时间	2015-08-12 14:16
*缺陷终止时间	2015-08-12 15:55	*缺陷中断时长(分钟)	111
*缺陷发生地点	县局110kV大云变018 S13/P1-泗安变019 S4/P1光路中断		
*缺陷来源	故障申告	*缺陷类型	设备缺陷
*缺陷现象描述(需描述故障现象及影响情况)	县局110kV大云变侧R-LOS告警,110kV大云变018设备侧R-LOS告警,泗安变019设备80槽位,81槽位EQPT告警		
*缺陷处理过程(时间+处理事项)			
是否方式变更	否		

缺陷设备信息

*设备名称	县局110kV大云变华为光端机

图 3-5　TMS 系统缺陷单截图

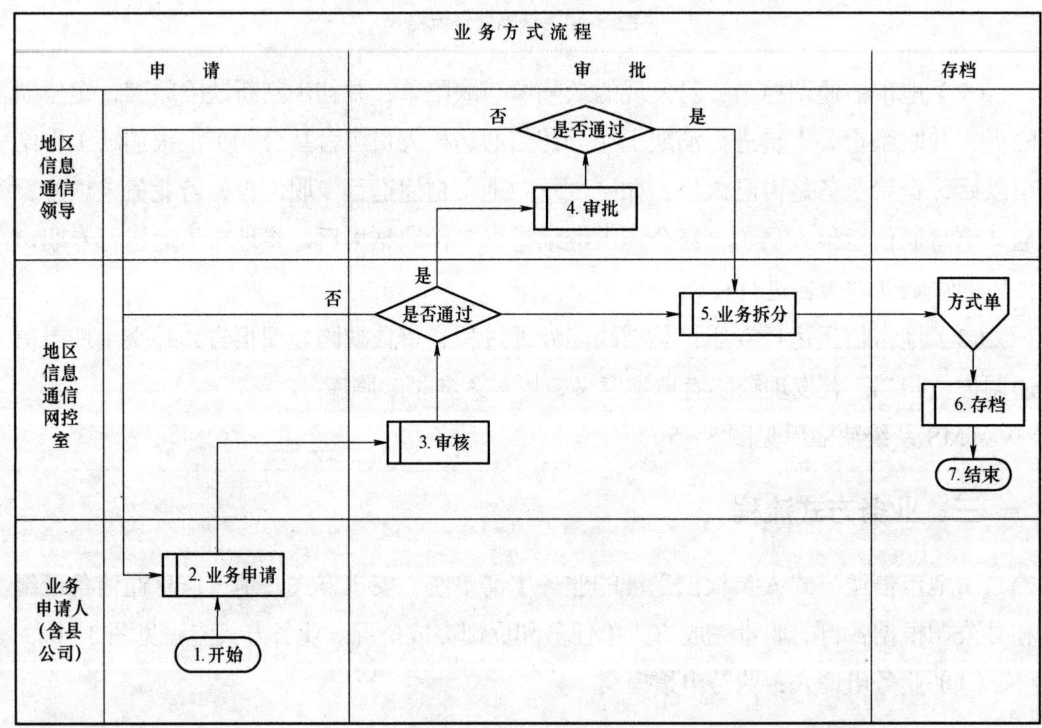

图 3-6　业务方式流程

（2）地市信通客户服务人员：对申请人提交的申请进行初步审核，通过后提交地市信通领导审批；若不通过，予以退回；对领导审批通过后的业务申请交地市信通方式人员进行方式拆分，编制相应的方式单，并组织地市信通各班组或县公司实施后进行存档。

（3）地市信通领导：对地市信通客户服务人员的申请单进行审批，通过后下达给地市信通方式人员编制方式；若不通过，退回给申请人。

业务申请见图 3－7，TMS 系统方式单见图 3－8。

通信业务申请单

编号	2015－013				
申请单类型	接入				
申请单位	供电公司通信运检班				
申请原因	公司弁山风电变接入，请安排接入方式				
起始站点	110kV 李家巷安		终止站点	弁山风电	
接口类型	155M 光口	数量	1	使用期限	永久
业务用途	弁山风电接入光路		带宽	155M	
起始站点	县供电局		终止站点	弁山风电	
接口类型	2M 电口	数量	1	使用期限	永久
业务用途	PCM		带宽	2M	
起始站点	县供电局		终止站点	弁山风电	
接口类型	2M 电口/155M 光口	数量	2	使用期限	永久
业务用途	调度数据网		带宽	2M	
起始站点			终止站点		
接口类型		数量		使用期限	
业务用途			带宽		
申请人	左武志	联系电话	668140	申请开通时间	2015 年 5 月 30 日
受理单位/受理人意见：	同意　　×××　2015 年 5 月 30 日				
受理单位主管部门意见					
备注					
注 1：申请单位应提前 10 个工作日填写申请单并提交通信业务受理单位/部门； 注 2：申请单编号以四位数年份为前缀，按年度从 001 开始顺序编号； 注 3：申请单类型有接入、退出； 注 4：不同用途、不同类型的业务应填写不同的申请单，同用途、同类型的业务可填写一张申请单，在数量一栏中予以注明。					

图 3－7　业务申请

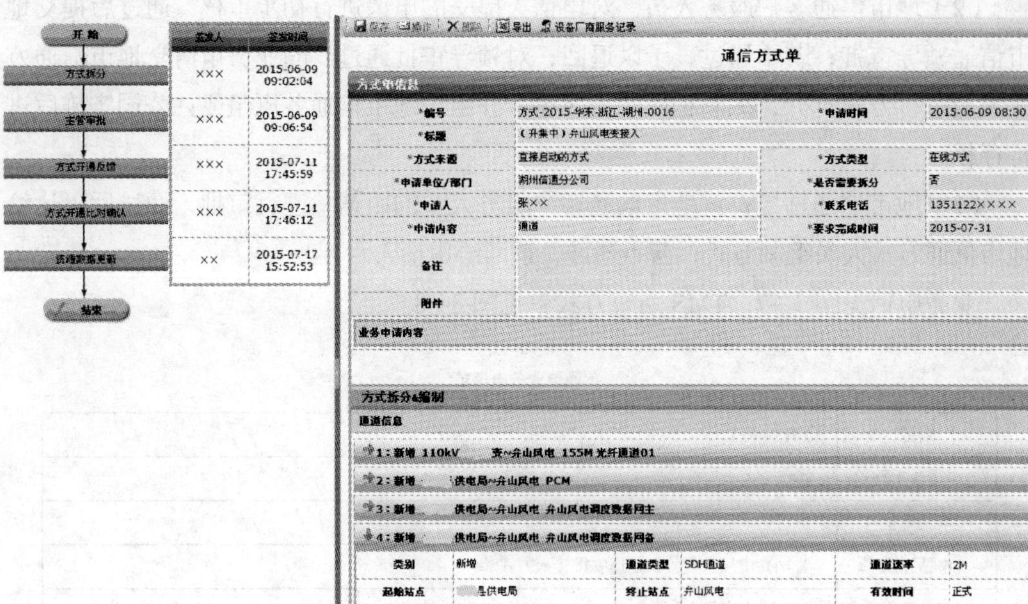

图 3-8　TMS 系统方式单截图

四、检修流程

地市信通调控员在检修流程中承担检修申请审核和现场检修工作开竣工的许可，检修申请由地市信通运检人员或县公司负责提报，地市信通调控员配合开展现场检修。

（一）检修申请

对地市信通运检人员或县公司提交的检修申请进行初审，主要审核检修申请提交时间，检修申请中的标题、发起单位、申请单位、检修类型、检修类别、检修票来源、申请开工时间、申请完工时间、检修工作原因等内容，核实检修申请中的“三措一案”，并根据调度管辖范围逐级提交。

（二）检修开竣工

检修开、竣工时间以检修申请票最终批复时间为准。当检修施工单位确认具备开、竣工条件后，地市信通调控员在系统中逐级申请开、竣工。调控员依据已批复的检修申请，根据电网及信息通信网运行情况，在满足开、竣工必备条件的情况下，以电话方式逐级下达开、竣工调度命令。

TMS 系统检修流程见图 3-9。

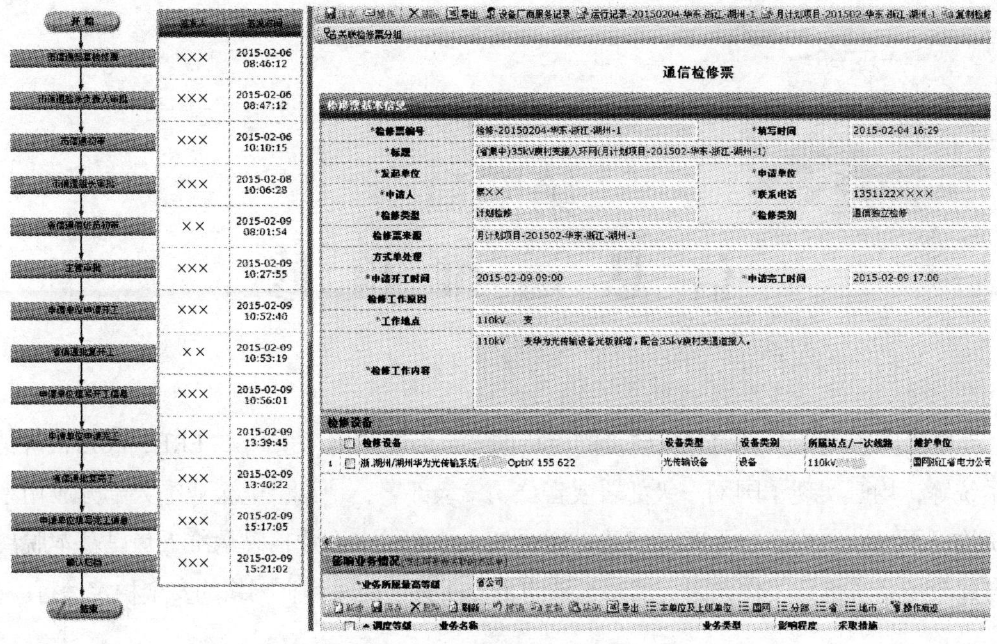

图 3-9　TMS 系统检修流程截图

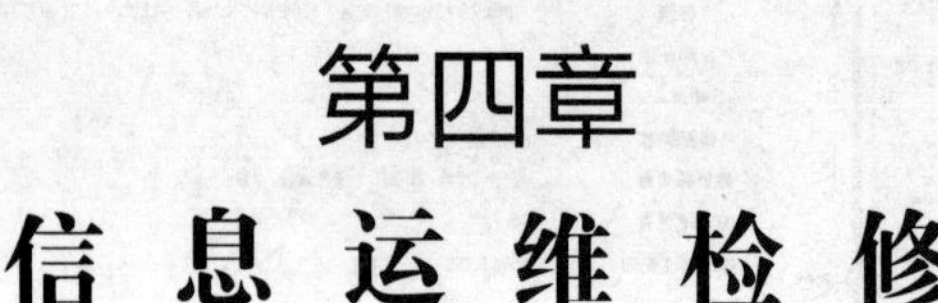

第四章 信息运维检修

随着国家电网公司信息化建设的不断推进，大量的信息系统如 ERP、PMS、营销系统等，均已实现了国网一级部署或省公司二级部署，地县供电企业绝大部分应用系统均已下线，原则上已不存在自建应用系统。地县供电企业信息运维人员已基本脱离自建应用系统运维工作，因而信息运维的主要任务是确保信息网络的安全稳定运行。

第一节 技术支持

为确保信息网络的安全稳定运行，国家电网公司、省公司以及地市信通在基础应用、安全、运维等方面，建立了相应的技术支撑平台，方便运维人员做好日常检修工作，提高运维水平。这些平台主要包括基础应用平台、安全平台、运维平台。

一、基础应用平台

（一）网管系统

部署地县一体化的网管系统，实现网络设备、网络链路、服务器系统、数据库系统、应用系统等的地县一体化的监控，对设备、系统或链路故障等能及时告警，为运维人员做好网络与信息系统的维护工作提供了强有力的支撑。网管系统显示界面见图 4–1。

（二）服务器虚拟化平台

部署地县一体化服务器虚拟化平台，实现服务器的虚拟化管理。通过服务器的虚拟化，减少了大量的物理服务器，减轻了机房基础设施的压力。同时由于在虚拟化平台，虚拟机管理及运维比较方便，可以减轻信息人员的运维负担。服务器虚拟化平台显示界面见图 4–2。

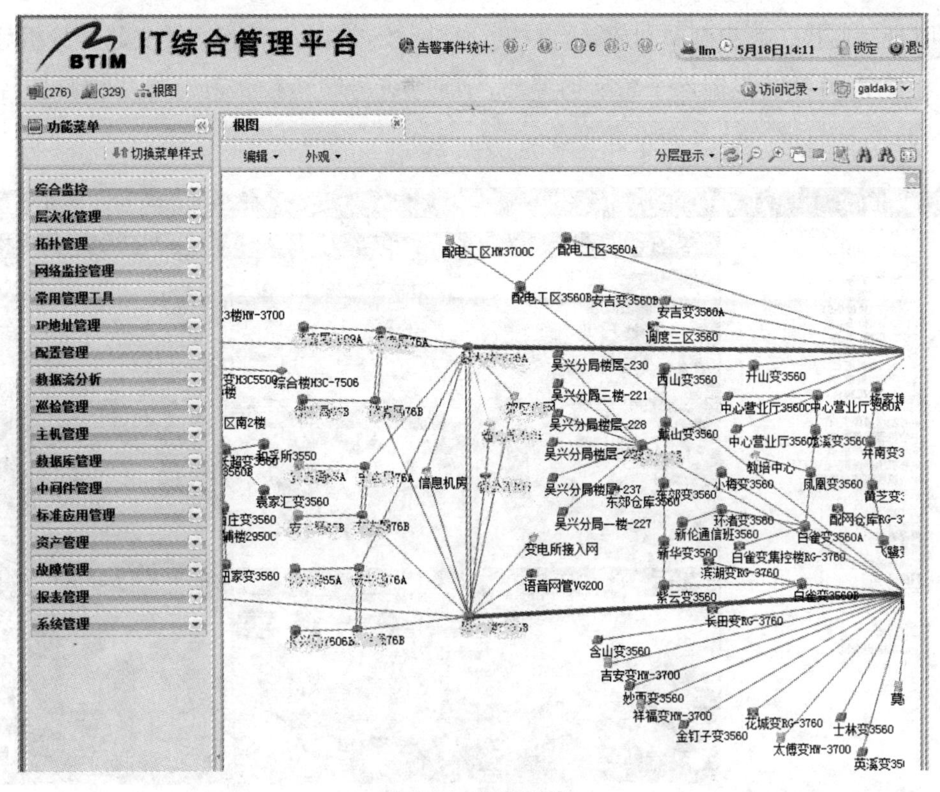

图 4－1 网管系统

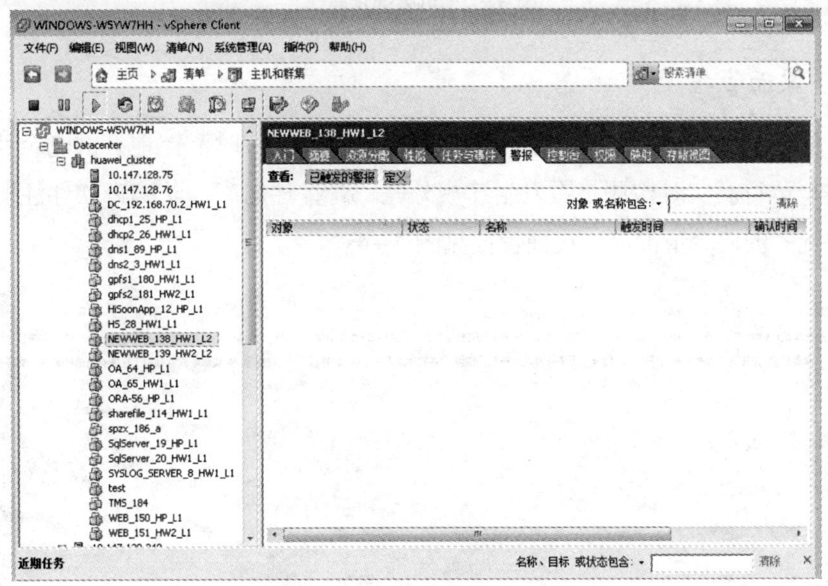

图 4－2 服务器虚拟化平台

（三）机房监控

部署地县一体化机房监控平台，实现对地县两级信息机房的一体化监控，包括机房实时视频监控，历史画面回放，温湿度、烟感数据的实时监控，历史趋势分析等功能。运维人员可以根据该平台实时掌握当前各机房的运行状况。机房视频监控见图 4-3。

图 4-3　机房视频监控

（四）桌面管控

地市信通集中部署桌面管控系统，与省公司级联。实时监控地县供电企业桌面计算机的安全运行。实时检测是否发生违规外联、管控注册率、防病毒软件注册率、补丁安装情况、弱口令情况等。桌面管控见图 4-4。

本地注册统计列表

设备总数：5875 应注册计算机：4068 本地计算机注册数：4068 漫游计算机注册数：0 虚拟计算机注册数：0 注册率：100.00% 在线设备：2286 在线率：56.19% 安装杀毒软件：4068 杀毒软件覆盖率：100.00%

区域名称	设备总数	应注册计算机	本地计算机注册数	漫游计算机注册数	虚拟计算机注册数	注册率	在线设备	在线率	安装杀毒软件数量	在线安装杀毒软件	杀毒软件覆盖率	统计
湖州电力局	117	37	37	0	0	100.00%	22	59.46%	37	22	100.00%	统计
市局机关大楼	0	0	0	0	0	--	0	--	0	0	--	统计
电力调度控制中心	99	67	67	0	0	100.00%	53	79.10%	67	53	100.00%	统计
运维检修部	0	0	0	0	0	--	0	--	0	0	--	统计
检修试验工区	208	169	169	0	0	100.00%	62	36.69%	169	62	100.00%	统计
户服务中心（营销部）	8	6	6	0	0	100.00%	5	83.33%	6	5	100.00%	统计
新金桥酒店	66	66	66	0	0	100.00%	36	54.55%	66	36	100.00%	统计
集仑配电工程分公司	97	81	81	0	0	100.00%	41	50.62%	81	41	100.00%	统计
城东	58	42	42	0	0	100.00%	21	50.00%	42	21	100.00%	统计
教培中心	249	205	205	0	0	100.00%	58	28.29%	205	58	100.00%	统计
电力经济技术研究所	76	60	60	0	0	100.00%	35	58.33%	60	35	100.00%	统计
集体资产经营中心	0	0	0	0	0	--	0	--	0	0	--	统计

分页第1/11页　首页　上一页　下一页　尾页　共126条记录 12条记录/页　跳转到 1 页 go

图 4-4　桌面管控

二、安全平台

（一）防病毒及 WSUS

地市信通集中部署防病毒系统和补丁分发（WSUS）系统，与省公司采用级联方式，实时获取最新病毒特征码和最新补丁，确保地县供电企业服务器和桌面计算机的病毒特征码和系统补丁及时更新，提高服务器和桌面计算机的安全防护水平。

（二）漏洞扫描

地市信通集中部署专业漏洞扫描装置，提供统一的信息系统漏洞扫描平台，供地县供电企业信息运维人员同时使用。

（三）IDS、防火墙等

地市信通统一部署 IDS、IPS、防火墙等安全设备，对地县网络与信息系统提供统一的安全防护。

三、管理支撑平台

信息通信一体化调度运行支撑平台（简称 SG－I6000 系统），由国家电网公司统一组织开发，省公司二级部署的系统，集信息通信调度、运行、检修一体化的运行的管理支撑平台，其主要管理界面见图 4－5。该平台主要功能包括基础设施管理、调度管理、检修管理、灾备管理、安全管理等功能，是目前地县两级信息运维人员常用的工作管理平台。

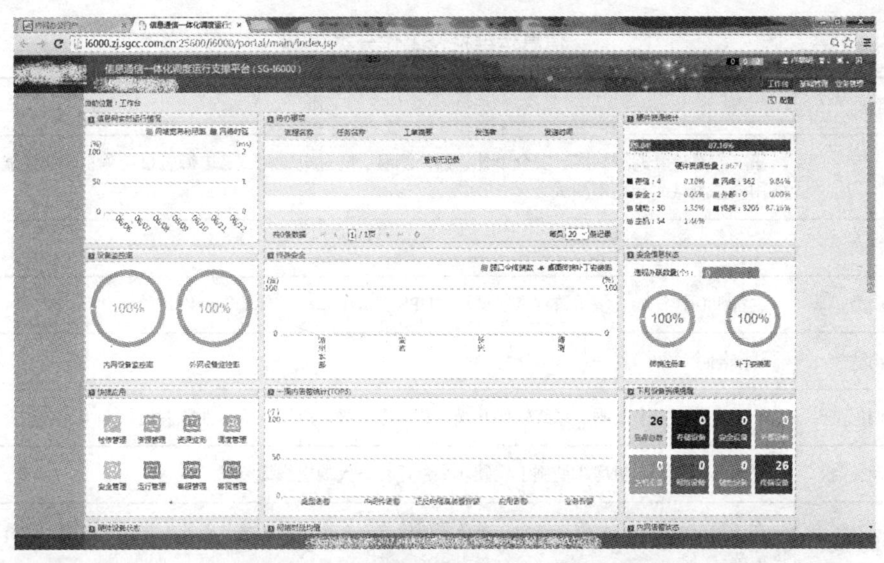

图 4－5　信息通信一体化调度运行支撑平台

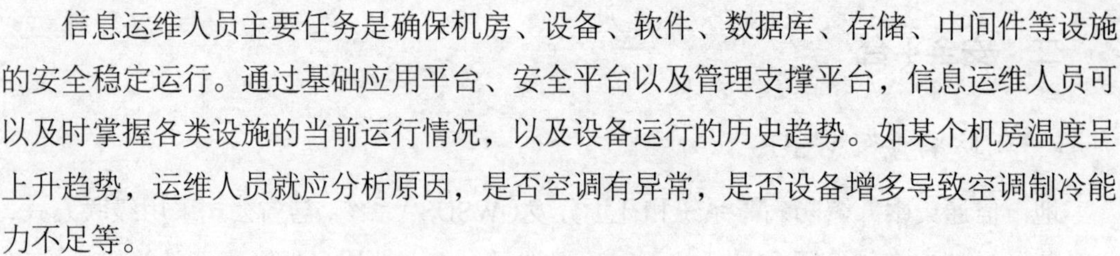

信息运维人员主要任务是确保机房、设备、软件、数据库、存储、中间件等设施的安全稳定运行。通过基础应用平台、安全平台以及管理支撑平台，信息运维人员可以及时掌握各类设施的当前运行情况，以及设备运行的历史趋势。如某个机房温度呈上升趋势，运维人员就应分析原因，是否空调有异常，是否设备增多导致空调制冷能力不足等。

第二节　业　务　流　程

日常运维工作主要包括设备管理、巡视、检修等工作。在维护过程中为确保运维工作标准化、精细化，制定了大量的工作管理流程，包括资源管理流程、检修管理流程、缺陷管理流程、两票管理流程等。资源管理流程主要对机房、硬件设备、软件设备、虚拟设备等进行管理，规定了机房新建、硬件新增、新增系统等方面的流程管理，这里不再详细描述。本章节主要对检修管理流程、缺陷管理流程、“两票”管理流程进行描述。

一、检修流程

（一）检修分类

信息运维检修工作种类多，根据检修对象和性质可分为检测类、巡视类、试验类、故障消缺类、系统调优类、平台调整类、简单维护类、应急演练类以及其他等九类。每类包含的运维检修工作见表 4-1。

表 4-1　　信息运维检修工作分类

类型	具体运维工作
检测类	第三方巡检、漏洞扫描、安全审计、红外测温、防过电压测试、电源容量检测、网络性能测试、备用纤芯测试、光功率测试
巡视类	专业化巡视、重要时期特巡
试验类	主备机切换试验、备份数据恢复试验、UPS 充放电试验、传输网开网试验
故障消缺类	缺陷消除、故障处理
系统调优类	补丁安装、安全加固、系统软件升级、数据库升级、应用变更、性能调优
平台调整类	平台小型改造、机房小型施工、硬件平台迁移、大规模线缆整理
简单维护类	系统配置调整、平台数据备份、系统密码修改、系统权限调整、尾纤（法兰）清洗、设备风扇滤网清洗

续表

类型	具体运维工作
应急演练类	应急演练
其他类	设备上架、设备下架

信息系统检修工作按是否有计划，可分为计划检修、临时检修和紧急抢修。计划检修是指列入年度、月度和周计划的信息系统定期维护、测试等检修工作。检修计划按周期可分为年度计划、月度计划和周计划。临时检修是指未列入年度、月度和周计划，需适时安排的信息通信系统隐患处理、消缺等检修工作。紧急抢修是指因信息系统异常需紧急停运处理以及信息系统故障停运后的检修工作。检修计划分类见表 4－2。

表 4－2　　检修计划分类（一）

检修类别	划分范围	
计划检修	列入年度、月度和周计划的信息通信系统定期维护、测试等检修工作	年度计划
		月度计划
		周计划
临时检修	未列入年度、月度和周计划，需适时安排的信息通信系统隐患处理、消缺等检修工作	
紧急抢修	因信息系统异常需紧急停运处理以及信息系统故障停运后的检修工作	

信息系统检修根据影响程度和范围分为一级检修和二级检修。二级检修根据影响程度和范围分为二级一类检修、二级二类检修、二级三类检修，检修计划分类见表 4－3。

表 4－3　　检修计划分类（二）

检修类别		划分范围	
一级检修		影响公司总部与灾备中心、各单位之间信息系统纵向贯通及应用的检修工作	
二级检修	一类检修	未影响公司总部与容灾数据中心、各单位之间信息系统纵向贯通及应用的检修工作	影响各单位内部，或省公司与地市公司（含直属单位）之间纵向贯通及应用的检修工作
	二类检修		影响地市公司与县公司之间信息系统纵向贯通及应用的检修工作
	三类检修		只影响地市公司或县公司内部的检修工作

地县供电企业信息系统检修工作基本不会影响总部与灾备中心、各单位之间信息

系统纵向贯通及应用的检修工作，不会涉及一类检修。

地市信通信息系统检修工作可能会影响与省公司或县公司之间纵向贯通及应用。例如，地市信通核心路由器停机检修，影响省地公司之间网络链接，同时也会影响与地县公司之间的网络链接。地市信通有些检修工作只影响内部信息或网络系统的检修工作。

县公司信息系统检修工作可能会影响与市公司之间纵向贯通及应用，例如，县公司核心路由器停机检修，影响地县公司之间网络链接。同时，县公司也会有只影响内部信息或网络系统的检修工作。

因此，地市信通检修类别包含二级一类检修、二级二类检修和二级三类检修，而县公司检修类别包含二级二类检修和二级三类检修。地县公司信息检修工作类型见表 4–4。

表 4–4　　地县公司信息检修工作类型

检修类别		涉及检修工作	
		市公司	县公司
一级检修		—	—
二级检修	一类检修	√	—
	二类检修	√	√
	三类检修	√	√

（二）计划检修

根据国家电网公司相关制度及要求，信息运维单位应定期对信息做相应的维护，维护周期及运维内容包括了月、季度、年等周期性信息系统运维要求，运维人员应根据该表适时安排检修计划。一旦信息系统有缺陷或故障，需根据缺陷或故障严重程度，适时安排检修工作。除了周期性检修工作或故障缺陷的消缺工作，还有其他如系统平台小型改造、机房小型施工、硬件平台小规模迁移等，均需填报检修计划并执行。

计划需按流程执行，检修流程包括检修计划填报、一级审批、二级审批、调度审批、计划执行、计划验收、检修归档七个步骤。

（1）检修计划填报：检修人员填报检修计划信息，需要详细填报各项检修工作，需要明确具体的检修日期、相关工作人员、具体的工作内容、是否停机以及影响范围等。在确定了检修内容后，应及时填报检修计划，检修计划填报时间要求见表 4–5。

表 4-5　　检修计划填报时间要求

序号	检修计划类型	填报要求
1	月检修计划	本月 27 日 17 时前填报下月计划
2	周检修计划	本周星期四之前填报下周计划
3	临时检修计划	无计划临时申报

（2）一级审批：地市信通检修管理人员负责检修计划的审批工作，确认检修计划是否合理。

（3）二级审批：地市信通二级一类检修计划和县公司二级二类检修计划，需要进行二级审批。地市信通二级一类检修计划需由省公司进行二级审批，县公司二级二类检修计划需由地市信通进行二级审批。

（4）调度审批：二级一类检修计划，还须有省公司信息通信调度进行审批。

（5）计划执行：检修计划申请审批通过后，应严格按照申请表的计划检修时间开展检修工作，并做到计划检修工作开始执行前及执行完毕后，必须电话报告给当班运行人员。如果检修工作不能按计划时间完成，必须提前半小时报告运行人员，并按照检修方案及时回退，在 24h 内以书面形式报送信息管理部门（或授权部门）进行情况说明。不得无故取消或延期已批复的检修工作，如检修工作不能按批准或许可的时间开工，应提前 6h 以书面形式报送信息管理部门（或授权部门）进行情况说明。检修计划执行详见检修计划执行流程。

（6）计划验收：检修工作操作结束后，检修人员需要将本次检修工作的结果汇报当班运行人员，运行人员需要对本次检修结果进行相关验证，如果有异常，需要检修人员立即处理。如果验证无问题，相关安全保障工作全部完成后，方可批准本次检修工作结束。

（7）检修归档：检修负责人在本次检修工作结束前需要完成本次检修工作总结，填写检修结果。

信息系统检修根据影响程度和范围，分为二级一类、二级二类和二级三类，每一类的检修计划的执行流程稍有不同。

二级一类检修计划管理流程见图 4-6。由地市信通检修人员填报检修计划，由地市信通进行一级审批，由省公司信通检修人员进行二级审批，省信息通信调度员进行调度审批，由地市信通检修人员执行并验收。

地市信通二级二类检修计划管理流程见图 4-7。由地市公司检修人员填报检修计划，由地市信息通信进行一级审批，由地市信通检修人员执行并验收。

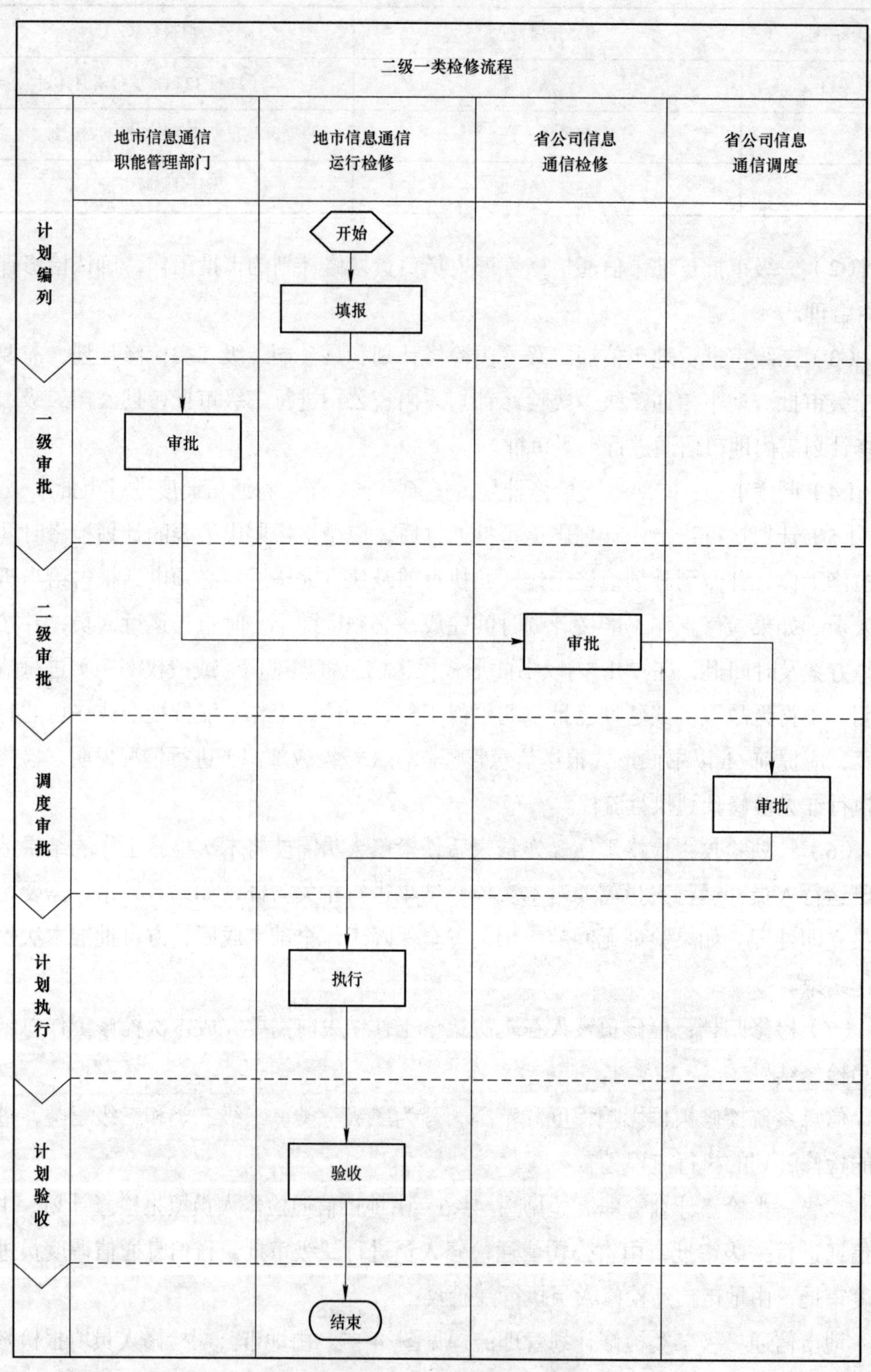

图 4-6　二级一类检修计划管理流程

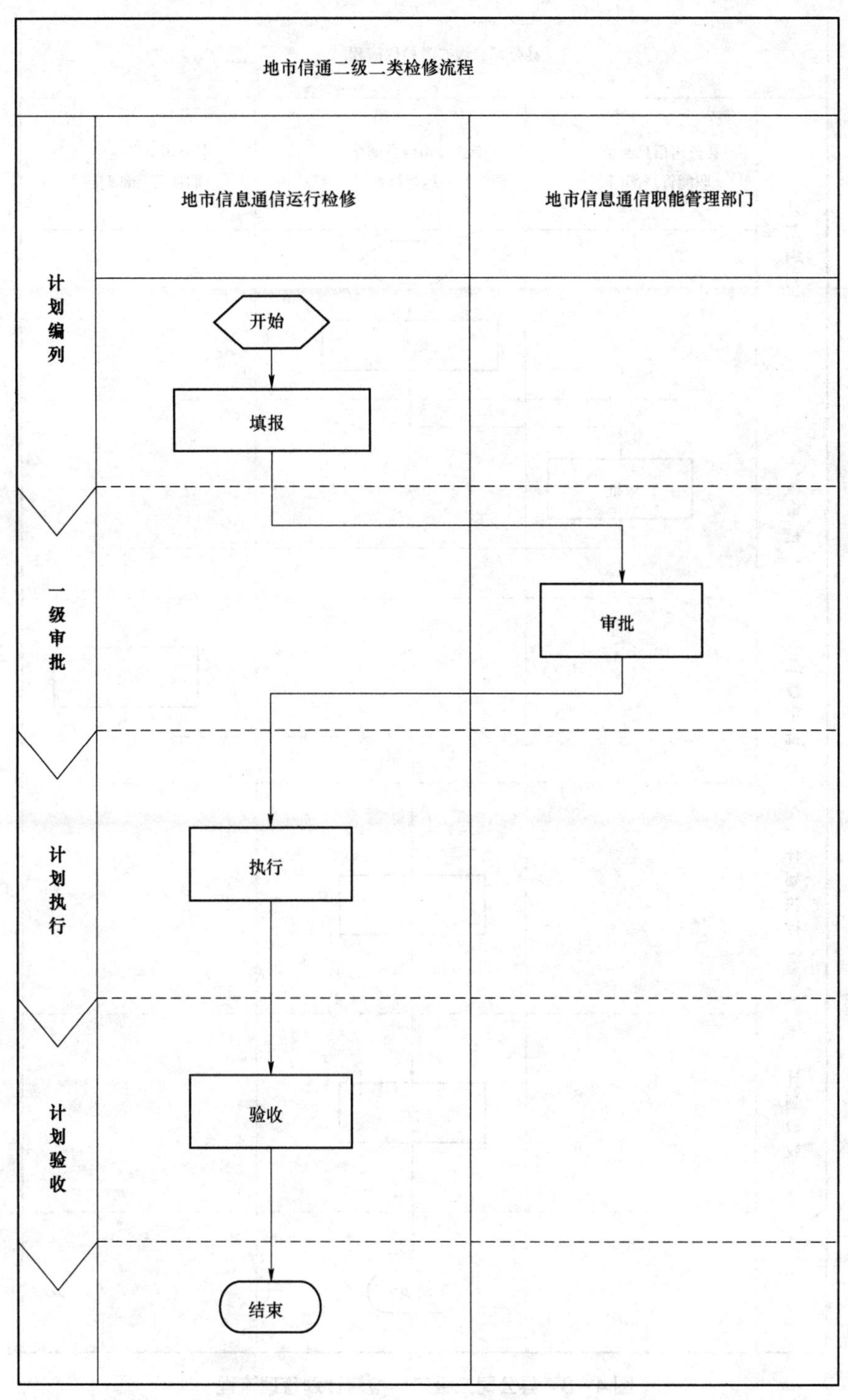

图 4-7 地市信通二级二类检修计划管理流程

县公司二级二类检修计划管理流程见图 4-8。由县公司检修人员填报检修计划，由县公司进行一级审批，地市信通进行二级审批，由县公司检修人员执行并验收。

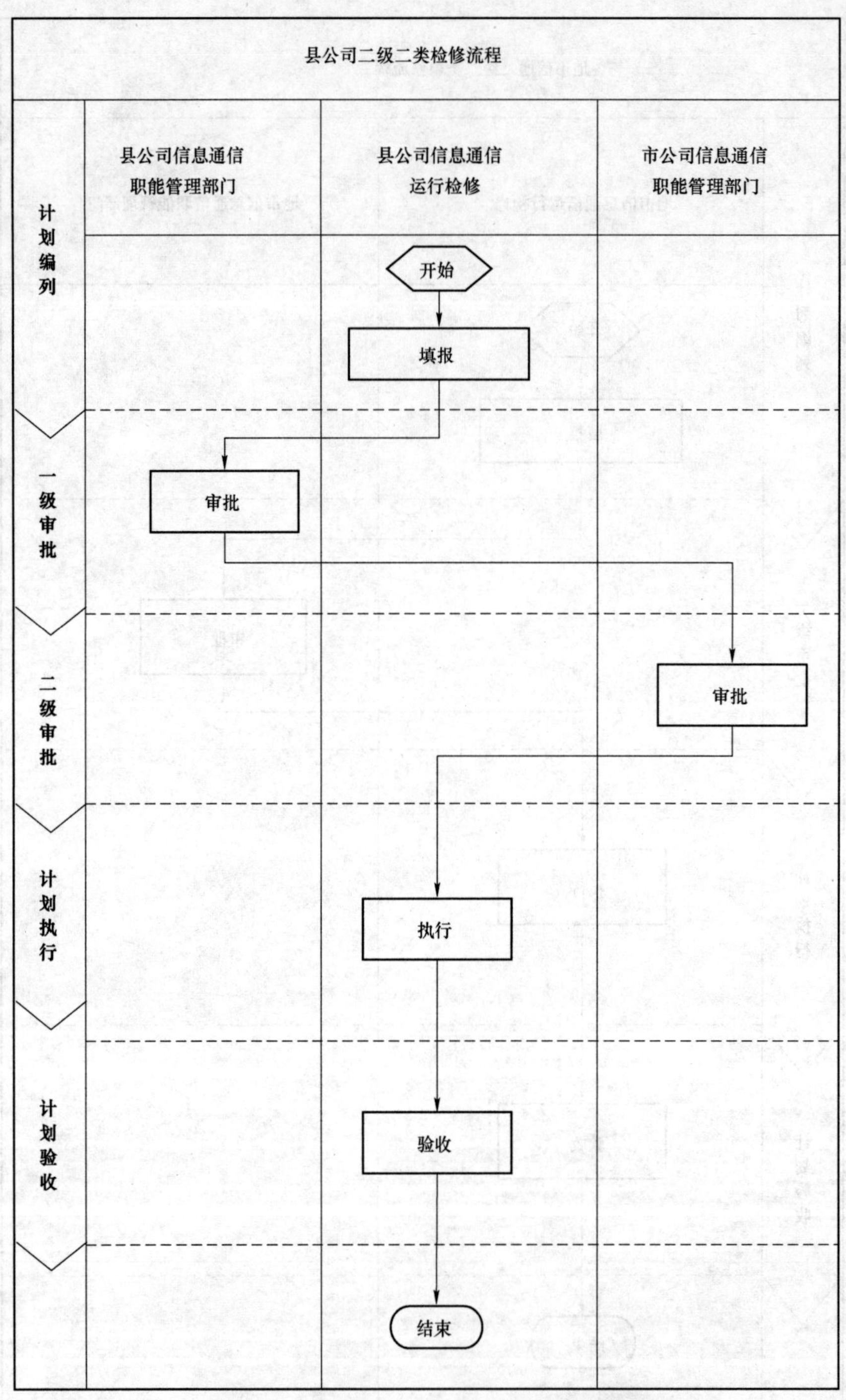

图 4-8　县公司二级二类检修计划管理流程

二级三类检修计划管理流程见图 4-9。由地市信通（或县公司）检修人员填报检修计划，由地市信通（或县公司）进行一级审批，由地市信通（或县公司）检修人员执行并验收。

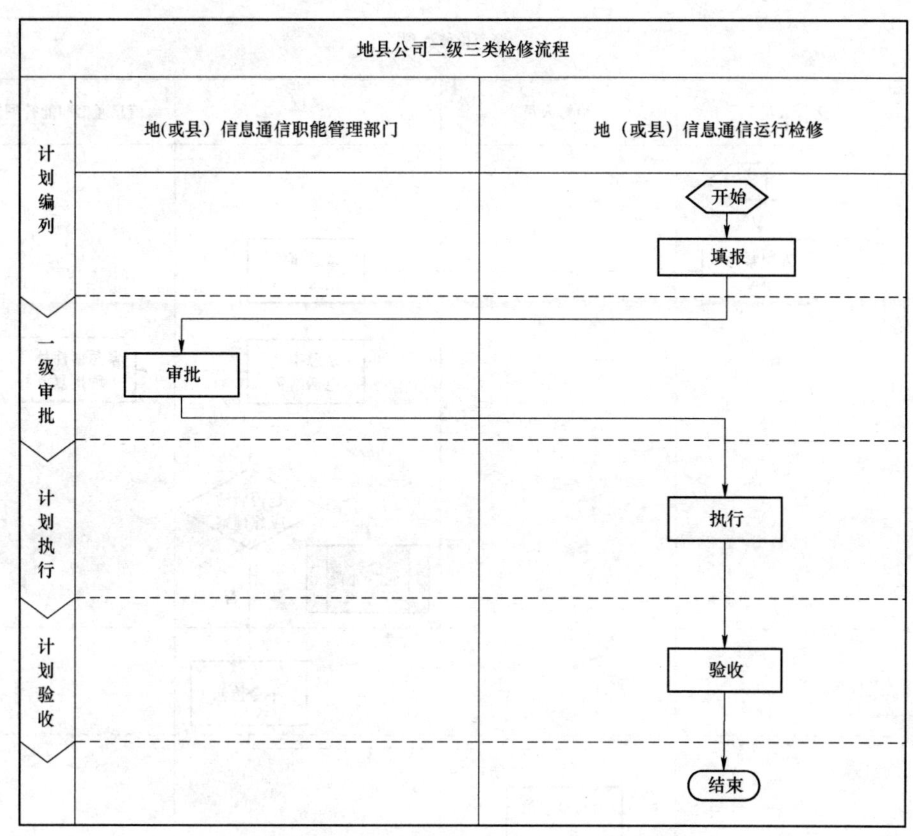

图 4-9　二级三类检修计划管理流程

（三）临时检修

临时检修计划的编制应考虑检修工作的紧迫性和必要性，尽量避免安排临时检修工作。临时检修应经本单位信息化职能管理部门审核，并填报临时检修计划，临时检修计划填报和审批和计划检修流程类似，不再详述。

（四）紧急抢修

当信息系统或设备发生直接威胁安全运行的问题时，如不立即处理，随时可能造成故障的隐患，需进行紧急抢修。紧急抢修详细流程见图 4-10。

发现分析：紧急事件由信息通信调控人员与运行人员发现并对事件进行记录、分析、报告。信息通信管理职能部门对事件报告进行批复。

下令：调控人员发布二级紧急抢修指令。

抢修：检修人员接到调度指令后立即填写紧急抢修单，并立即开始抢修。抢修时各单位运行人员需要对抢修进行操作监护，调度人员统一对抢修工作进行状态监控。

总结：执行抢修单位的检修人员在抢修工作完成后需要补填“两票”，并对抢修工作进行总结，编写紧急抢修报告。抢修工作资源变更由地市信息通信运行人员进行。

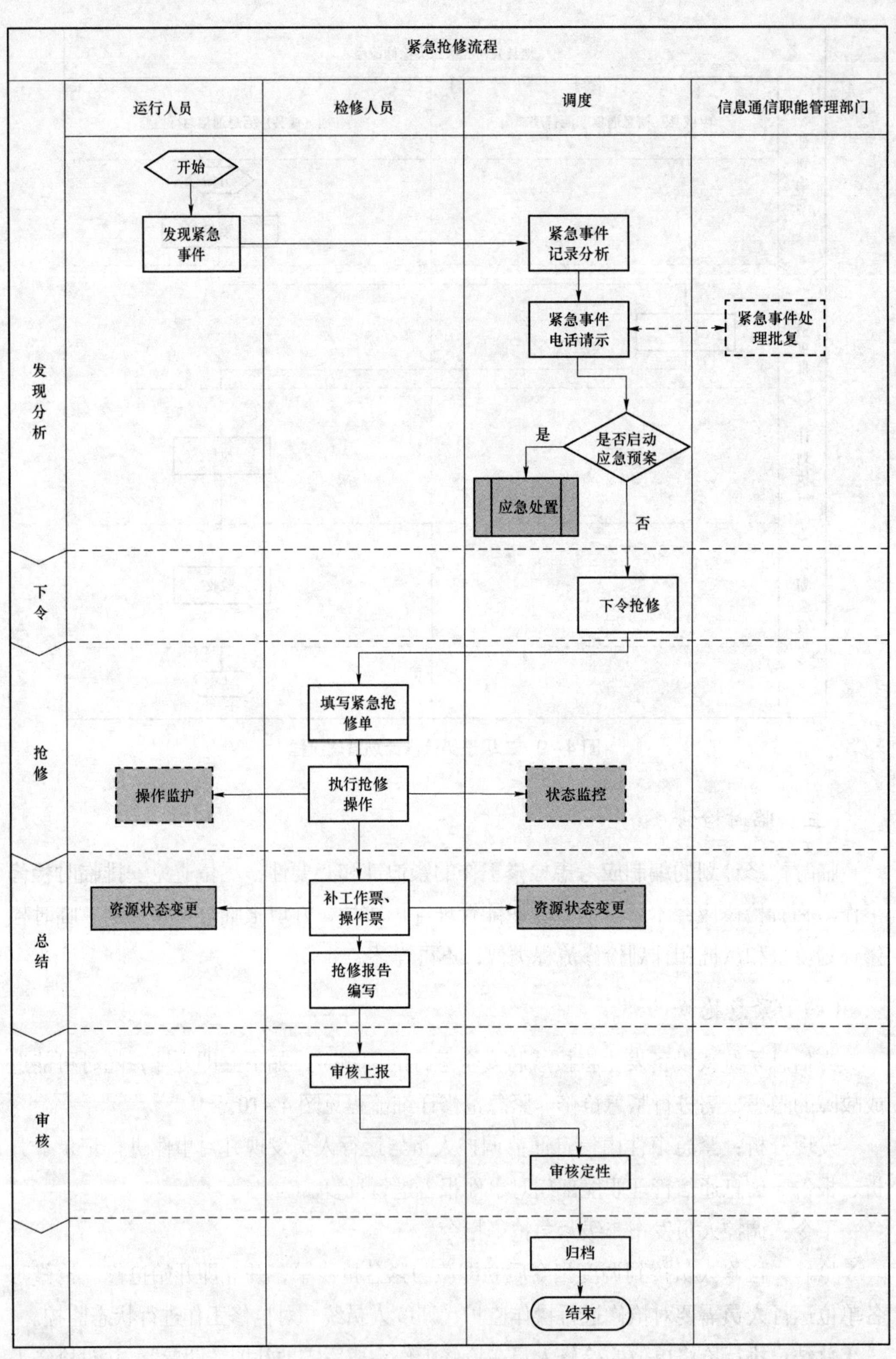

图 4-10　紧急抢修详细流程

审核：调度人员对本单位检修人员的紧急抢修报告进行审核上报，审核完成后统一提交省公司信息通信调度审核定性并归档。

紧急抢修单需在 SG－I6000 中填写，可通过系统菜单业务管理－检修管理－紧急抢修，进入紧急抢修工单填写界面。界面见图 4－11，标注“*”的字段需按实际情况输入。选择性字段可通过下拉框来选择。填写完毕后发送给下一环节人员。

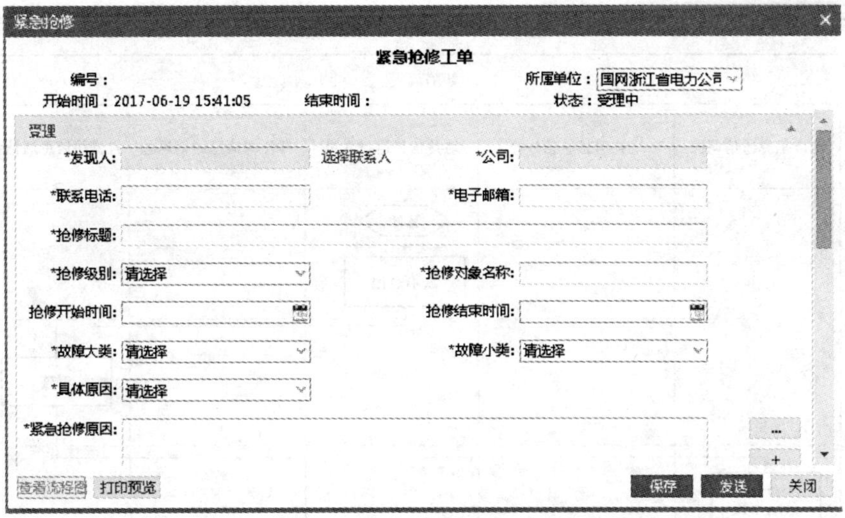

图 4－11　SG－I6000 系统中紧急抢修工单

二、缺陷流程

缺陷管理是指对信息设备及信息系统存在的缺陷进行消除的管理活动，对出现的缺陷应及时登记并进行消缺闭环管理。

信息运维人员通常在运行维护过程中发现设备或系统缺陷，如在巡检过程中发现设备告警，在监控系统中发现设备性能下降等。同时，用户在使用过程中也会发现系统或设备存在问题，如网络中断、网络速度慢等。缺陷按重要程度分为一般缺陷、重要缺陷、紧急缺陷三类，信息系统缺陷分类及定义见表 4－6。

表 4－6　　信息系统缺陷分类及定义

序号	缺陷级别	缺　陷　定　义
1	一般缺陷	短时间内不会劣化成危急或严重的缺陷，应列入月检修计划进行处理。例如：双机容错的 UPS 等中的一台宕机，未影响对外服务；电源、接地、空调等机房环境等系统异常，但未影响网络信息系统设备运行
2	重要缺陷	对设备安全有严重威胁，但尚能坚持运行。例如：CPU、内存、磁盘等系统资源问题造成系统响应效率下降；定期使用的设备在未使用的时段宕机，不能在使用前自行投入

续表

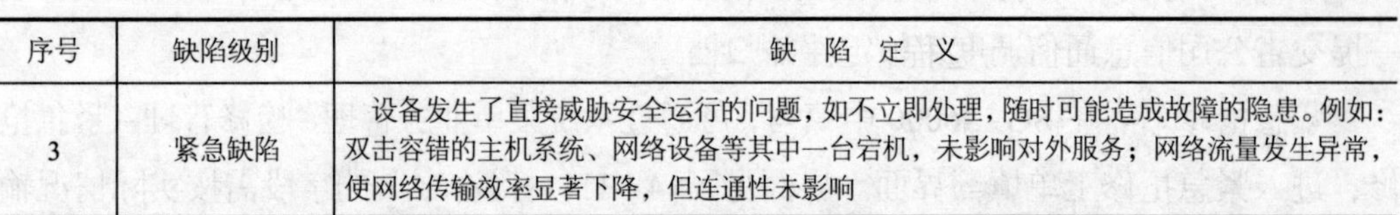

序号	缺陷级别	缺 陷 定 义
3	紧急缺陷	设备发生了直接威胁安全运行的问题，如不立即处理，随时可能造成故障的隐患。例如：双击容错的主机系统、网络设备等其中一台宕机，未影响对外服务；网络流量发生异常，使网络传输效率显著下降，但连通性未影响

缺陷管理流程包含缺陷登记、调度审核、缺陷审核、缺陷接收、缺陷消缺、资产变更审核、缺陷验收、归档八个环节，如图 4－12 所示。

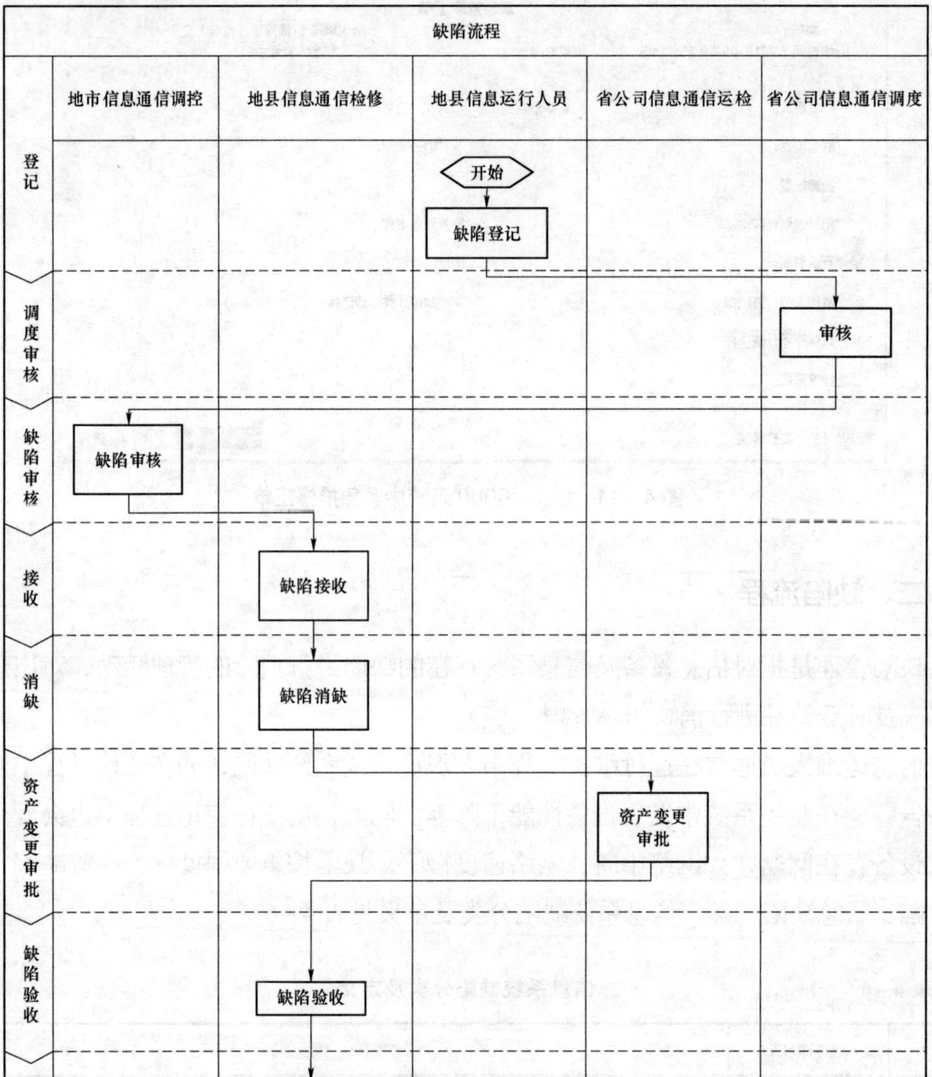

缺陷流程

地市信息通信调控
地县信息通信检修
地县信息运行人员
省公司信息通信运检
省公司信息通信调度

登记
开始
缺陷登记

调度审核
审核

缺陷审核
缺陷审核

接收
缺陷接收

消缺
缺陷消缺

资产变更审批
资产变更审批

缺陷验收
缺陷验收

归档
归档

结束

图 4－12 信息系统缺陷管理流程

（1）缺陷登记：信息系统运行人员在日常巡检中发现的缺陷，或信息系统检修人员在信息系统巡视、巡检过程中发现的缺陷，或由用户申报的缺陷，由信息运行人员进行记录、初步分析，填报后，报至检修人员作进一步的分析。

（2）调度审核：分析缺陷原因、性质、级别、对应业务系统、影响范围，根据实际情况对缺陷填报内容做出修正，提出处理建议和整改措施；对定性不准确的缺陷，进行重新定性；根据实际情况对缺陷填报内容做出修正；分析完成后，提出处理建议、临时解决方案、技术建议、风险评估等，提交调度机构审核。

（3）缺陷审核：对上报的缺陷进行消缺任务的审核并及时下达，安排检修人员进行消缺计划安排；如不是缺陷则关闭缺陷工单，终止本次缺陷管理流程。

（4）缺陷接收：进行审核确认为缺陷，由检修人员接收，并填写接收意见。

（5）缺陷消缺：检修人员根据缺陷级别安排检修，如一般缺陷安排下月检修计划、重要缺陷安排周检修计划。紧急缺陷应立即安排紧急抢修。按检修计划消缺的缺陷需关联检修计划，紧急缺陷按紧急抢修流程管理。

（6）资产变更审批：缺陷消除后，如涉及资产变更（如更换了一台新设备等）还需进行资产变更审批手续，涉及信息资产属于省公司信通，由省公司审批。

（7）缺陷验收：缺陷消缺完成后，由运行和检修人员机构共同进行缺陷验收工作，由运行人员对消缺结果进行确认，对于未消缺或未完全消缺的缺陷退回，重新进行检修安排。对检修消缺结果有异议的缺陷由运行人员提交调度进行裁定，检修人员应根据调度的裁定意见重新安排检修计划，再次进行消缺工作并再次进行缺陷验收，直至该消缺工作完全结束。

归档：确认缺陷消除后，由检修人员填写处理意见并进行归档。归档完成后，整个缺陷管理流程结束。

缺陷管理需在SG－I6000中进行，可通过系统菜单业务管理－运行管理－缺陷管理，进入缺陷填报界面，界面见图 4－13。界面中申报人、部门、联系电话等标注“*”的字段都必须填写。缺陷来源分为事件升级、维护过程中提出、趋势分析、监控发现、巡视发现、总部下达等选项。缺陷分类包括业务应用系统、网络系统、服务器、数据库、中间件、存储、备份系统、安全设备、基础设施等。缺陷等级分紧急缺陷、严重缺陷和一般缺陷。缺陷性质分为共性缺陷和一般缺陷。缺陷涉及的系统可以通过下拉框选择。同时填写描述信息，描述信息需准确、简练、易懂。填写完毕后发送给下一环节执行人。

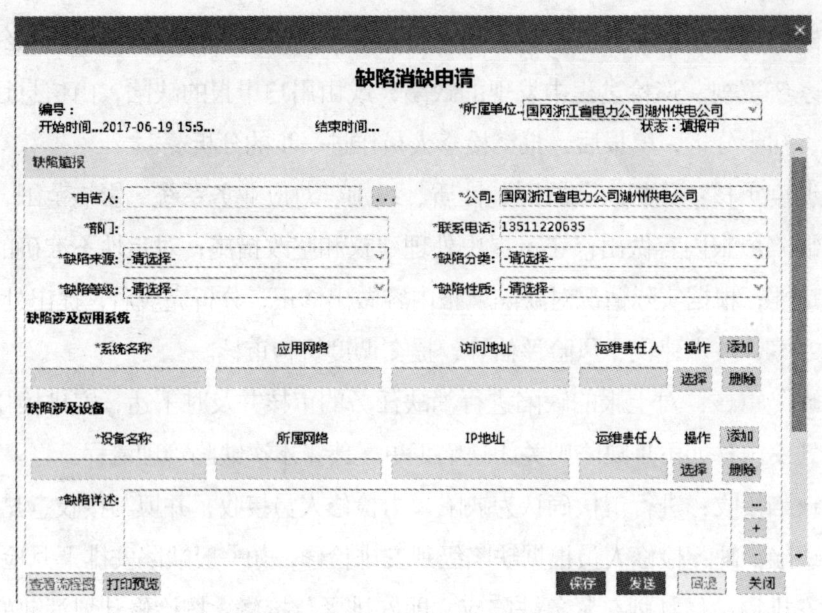

图 4-13　SG-I6000 系统中缺陷登记

三、“两票”流程

除日常巡视、监控外，在已正式投入生产运行的信息网络、应用系统、安全防护系统、存储备份系统、机房电源系统以及辅助系统上设备安装、调试、故障检修、安全性测试、预防性试验、备份与恢复、软件变更等工作，除了填报检修计划外，还要执行“两票”流程。“两票”是指工作票和操作票，操作票必须依附于工作票，一张工作票可以包含多张工作票，但一张工作票不能同时属于多张工作票。

“两票”管理流程见图 4-14，包括开票、签发、许可、检修期间、归档等步骤。

（1）开票：“两票”由检修人员编写，工作票须明确工作内容及安全措施，操作票须明确主要操作步骤。

（2）签发：工作票签发人应有经验人员担任，对工作内容及安全措施等事项进行审核后方能签发。

（3）许可：工作许可人由运行人员担任，负责做好现场安全措施，对操作开始时间进行许可。

（4）检修期间：检修期间，工作票和操作票应带至现场，现场工作班人员应于工作票人员相符，工作内容不能超出工作票规定工作范围。

（5）归档：检修工作结束后，做好两票结束工作，运行人员在工作完成后对“两票”及时进行归档。

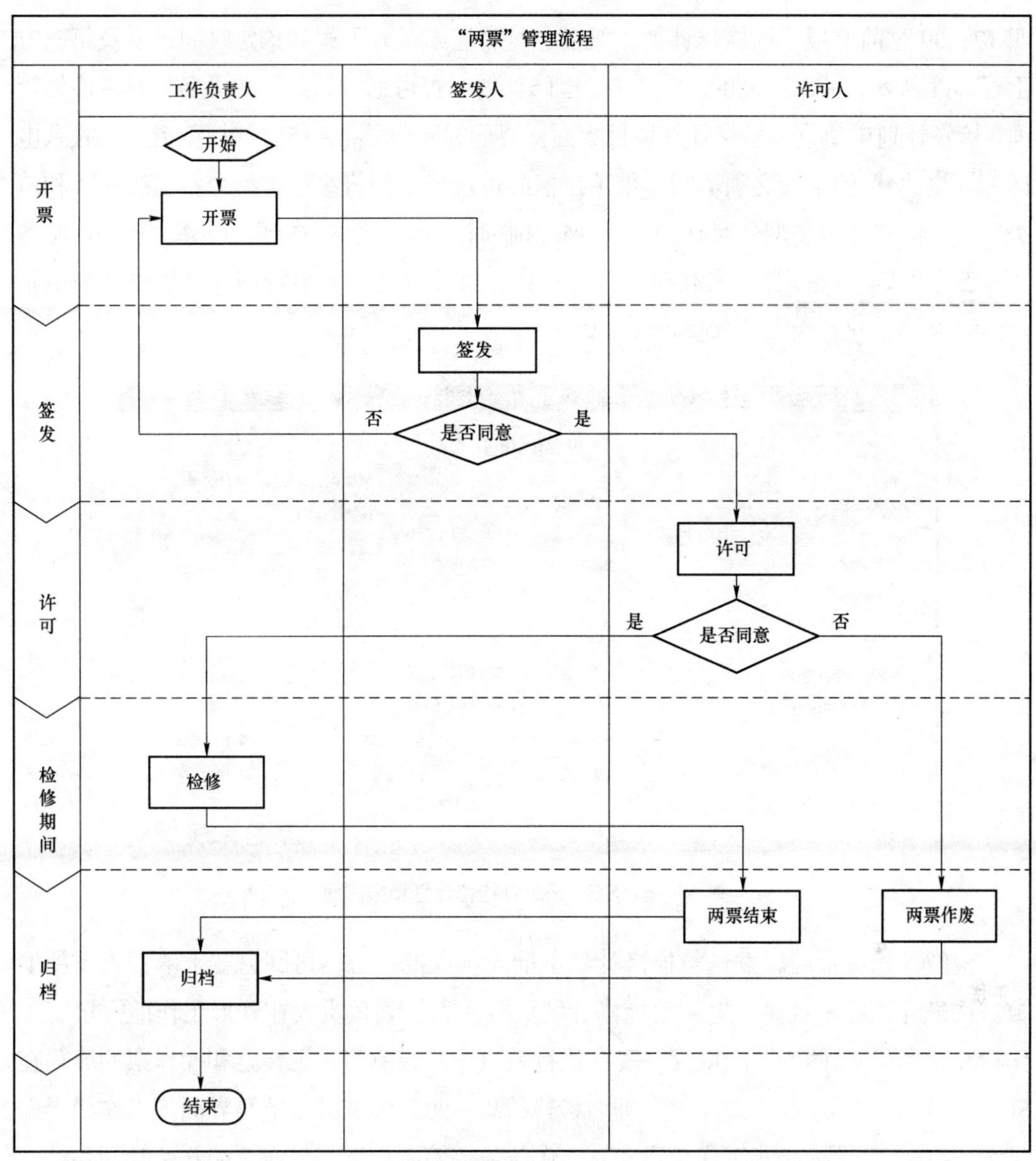

图 4-14 "两票"管理流程

四、流程举例

下面结合 SG-I6000 系统，说明地市级信息运维检修工作的开展过程。整个流程分为检修准备、检修执行、检修结束三个阶段。

（一）检修准备阶段

检修准备阶段，需由运检人员在 SG-I6000 中填报检修计划。如安排为月度检修计划，需在本月 20 日 17:00 时前填报下月检修计划。如安排为周检修计划，需在本周四 17：00 时前填报下周检修计划。填报之前需与第三方工程师约定时间，以及第三方工程师姓名等。在 SG－I6000 系统中，检修计划填报可通过系统菜单业务管理－检修管理－检修计划申请进入检修计划填报界面。界面显示见图 4－15。计划负责人、联系电话等标注“*”的字段必须填写。带下拉框的可选择。检修级别类型分：二级一类和二级二类。检修计划类型分月计划、周计划和临时计划。检修对象可分小型机、PC 服务器、路由器等。检修计划来源包括巡检计划、事件管理、变更管理等。检修计划填报由检修人员（同时为见计划执行人）填报。

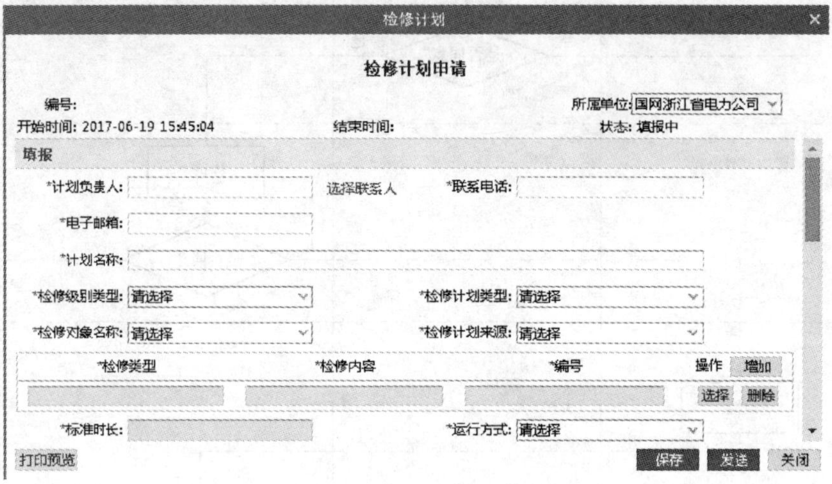

图 4－15　SG－I6000 检修计划填报界面

检修计划填报后，发送给检修计划审批人。审批不合格可回退要求填报人重新填报。检修计划经审批后，返回给检修计划负责人，计划负责人在开展工作前需填写工作票和操作票。“两票”的填写一般在执行前 1～2 天填写。工作票和操作票的填写在 SG－I6000 中可以通过菜单业务管理－检修管理－两票管理进入填写界面。工作票界面见图 4－16。开票人是指工作负责人，工作任务需简明扼要，工作票的开始时间和结束时间应该与检修计划一致。工作票填写完毕后，还要关联检修计划，保存后系统自动会提示填写操作票，操作票填写见图 4－17。操作票的开票人、检修执行时间、操作任务等，与工作票一致，新增内容主要为具体的操作步骤。操作票填写完毕后，系统会自动关联到工作票。

“两票”填写完毕后，发送给工作票签发人。工作票签发经审核后，可以在系统中看到检修计划流程和“两票”流程的状态。如图 4－18 所示为工作票在许可状态。如图 4－19 所示检修计划等待执行状态。

在检修工作正式执行前，编制“三措一案”，包括组织措施、技术措施、安全措施和实施方案，提前做好对关键用户、重要系统的影响范围和影响程度的评估，开展故障预想和风险分析，制定相应的应急预案及回退、恢复机制。

信息系统工作票

信息系统工作票

编号: [湖州]工作票-20170620000...　　所属单位: 国网浙江省电力公司

开始时间: 2017-06-20 10:47:47　　结束时间:　　状态: 待许可

开票

*开票人:

*工作任务: 通过模拟单台设备或链路故障，验证单台核心7604设备或在用链路故障时，长兴县公司核心设备与湖州公司核心路由器路由能正确切换

*工作组成员:　　*工作组人数: 2

两票涉及应用系统

*系统名称	应用网络	访问地址	运行责任人	检修责任人	属性变更详情

查看流程图　打印预览　关闭

图 4－16　SG－I6000 工作票

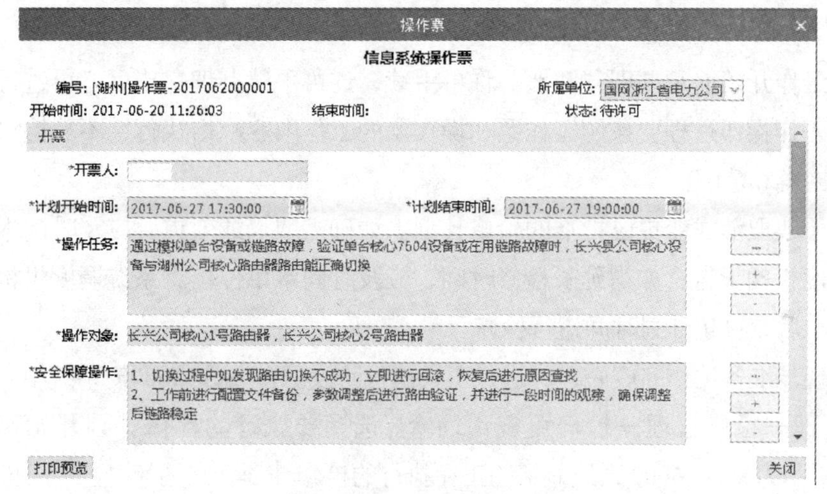

操作票

信息系统操作票

编号: [湖州]操作票-2017062000001　　所属单位: 国网浙江省电力公司

开始时间: 2017-06-20 11:26:03　　结束时间:　　状态: 待许可

开票

*开票人:

*计划开始时间: 2017-06-27 17:30:00　　*计划结束时间: 2017-06-27 19:00:00

*操作任务: 通过模拟单台设备或链路故障，验证单台核心7604设备或在用链路故障时，长兴县公司核心设备与湖州公司核心路由器路由能正确切换

*操作对象: 长兴公司核心1号路由器，长兴公司核心2号路由器

*安全保障操作: 1、切换过程中如发现路由切换不成功，立即进行回滚，恢复后进行原因查找
2、工作前进行配置文件备份，参数调整后进行路由验证，并进行一段时间的观察，确保调整后链路稳定

打印预览　关闭

图 4－17　SG－I6000 操作票

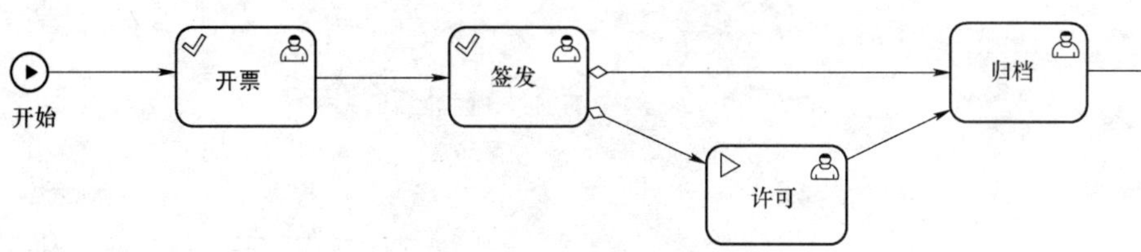

图 4－18　“两票”流程状态

检修工作实施前，做好充分准备，落实人员、工具、器材、备品备件；正式开工前，应检查检修工作准备是否完整，确保现场人员清楚工作内容、范围和安全措施等。若检修工作由外部单位承担，应签订安全承诺书和保密协议。

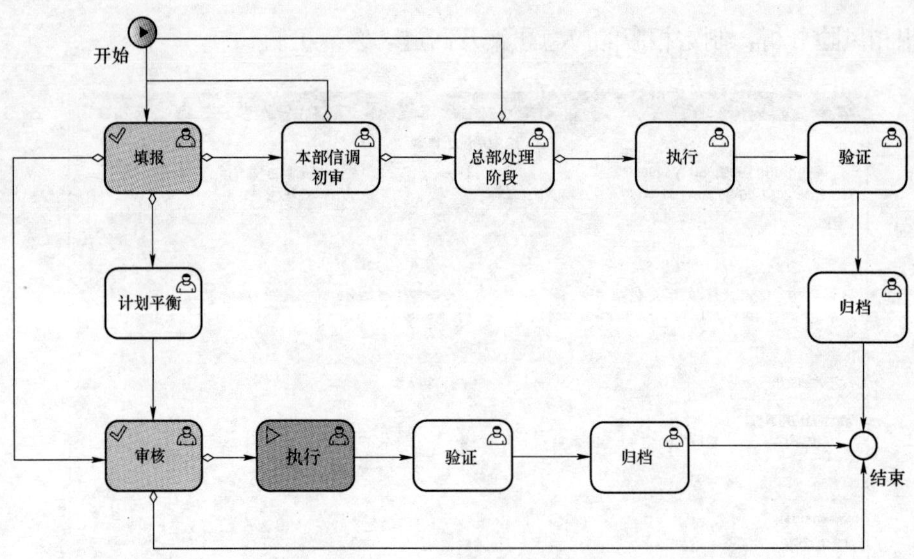

图 4－19　检修计划流程状态

（二）检修执行阶段

检修工作开始前须办理“两票”许可手续，许可手续办理完毕后方可进行检修操作。检修工作操作过程要按照工作票和操作票的工作内容严格执行，不得擅自扩大工作票工作内容和范围。

不得无故取消或变更已批准的检修计划。如确需取消或变更，应及时向本单位信息系统调度机构报告；如需延长检修时间，应及时向本单位信息系统调度机构申请延期，经批准后方可超计划时间进行检修。

相应现场准备工作完成后，可进入正式执行阶段。在 SG－I6000 系统中，通过菜单业务管理—检修管理—检修可视化简介，选择要执行的检修计划开始执行。如图 4－20 所示为 SG－I6000 系统显示的正在执行的检修计划状态图。等检修工作完成后，结束该工作计划。

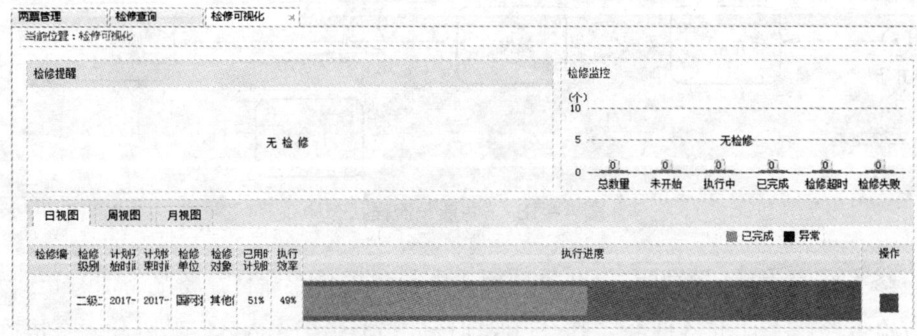

图 4－20　SG－I6000 检修计划执行状态图

（三）检修结束阶段

检修现场工作完成后，立即组织自验收，并将检修完成时间、内容、效果、存在问题及整改意见等情况报告运行监护人员，由运行监护人员复核后办理检修工作完结手续并向信息系统调控报告。检修计划完成后，应按照系统、设备等维度对检修工作进行统计分析，如计划执行情况统计、“两票”统计、抢修情况统计等。

第五章 通信运维检修

第一节 业务划分

地县通信运维检修一体化主要把地市信通、县公司的通信运维检修工作纳入统一管理。主要体现地县两级的通信运维检修计划统筹协调、统一申报；地县两级的通信运维检修工作统一申报、审批、批复、许可、开工及终结流程；地县两级的通信故障检修也实行统一指挥、统一协调流程。

地县通信运维检修工作同时实行属地化运维模式，县公司区域内的 110kV 及以下站点、县公司属所的供电营业所及县公司通信网架的通信光缆均由县公司进行属地化运维。地县区域的 220kV 及以上站点、除县公司区域外供电营业所、110kV 及以下站点及通信光缆均由地市信通进行属地化运维。地市信通、县公司分别负责各自通信运维检修工作现场管理。其中，对于跨地县重大通信运维检修工作，由县公司协助地市信通开展属地范围内现场检修配合工作，主要包括工作协调，现场安全和现场安措的落实等工作。

（一）地市信通

（1）负责管辖范围内通信设备、设施及相关通信资源运行维护和管理工作；

（2）负责地域管辖及电网调度管辖范围内的国网、华东、省网通信设备、设施及相关通信资源属地化运行维护工作；

（3）负责指导和协调各县公司、变电运维单位有关通信设备及设施的属地化运行维护工作；

（4）负责编制、上报、实施所辖范围通信设备、设施的检修、检验和消缺等运行维护计划；

（5）配合管辖范围内国网、分部、省网通信系统的建设、验收、生产准备工作；

（6）负责管辖范围内通信系统技改、大修项目需求提报和组织实施工作；

（7）负责开展管辖范围内通信系统运行统计分析工作。

（二）县公司

（1）负责管辖范围内通信设备、设施及相关通信资源运行维护和管理工作；

（2）负责地域管辖及电网调度管辖范围内的地区网、县级网通信设备、设施及相关通信资源属地化运行维护工作；

（3）配合地市信通做好有关通信设备及设施的属地化运行维护工作；

（4）负责编制、上报、实施所辖范围通信设备、设施的检修、检验和消缺等运行维护计划；

（5）配合管辖范围内通信系统建设、验收、生产准备工作；

（6）负责管辖范围内通信系统技改、大修项目需求提报和组织实施工作；

（7）负责开展管辖范围内通信系统运行统计分析工作。

第二节 业 务 流 程

地县通信运维检修一体化检修流程主要包括通信运维检修计划的管理、通信运维检修计划的执行和过程管理、通信运维检修资料的维护和通信运维检修工作的评估和分析。

一、通信检修工作分类

（一）通信检修来源

通信检修是指对运行中的通信线路、通信设备等进行修理、测试、试验及数据配置等工作，通常会改变设备、网络运行状态。根据通信检修来源不同将通信检修分为周期类、工程类、消缺类和其他四大类，通信运维检修工作分类（一）见表5－1。

表5－1　　通信运维检修工作分类（一）

大类	具体运维工作		
周期类	每年一次	系统巡检	网管系统
			传输系统
			交换系统
			电源系统
			PCM 系统
			录音系统

续表

大类	具体运维工作		
周期类	每年一次	蓄电池充放电	
		防过电压检测	
		光缆备用纤芯测试	
	每半年一次	应急演练	
	每季一次	风扇滤网清洗	
		程控交换数据备份	
		传输网管数据备份	
		站点巡视	110kV 及以下等级站点
	每两月一次		220kV 等级站点
	每月两次		特高压站点
	每月一次		500kV 等级站点
		动环监视系统巡检	
		图像监控系统巡检	
		电视电话会议系统调试	
		应急指挥系统调试	
工程类	通信独立	线缆工程	普通光缆割接
			普通光缆改造
			ADSS 光缆割接
			ADSS 光缆改造
			音频电缆检修
		设备工程	电源设备检修
			网管设备检修
			传输设备检修
			交换设备检修
			PCM 设备检修
			图像监控设备检修
			录音设备检修
			配线系统检修
		系统工程	网络调整
			业务割接
			网管数据配置
			机房改造
			软件升级
工程类	需电网配合	线缆工程	OPGW 光缆割接
		设备工程	调度交换相关设备检修

续表

<table>
<tr><th>大类</th><th colspan="3">具体运维工作</th></tr>
<tr><td rowspan="12">工程类</td><td rowspan="5">需电网配合</td><td rowspan="2">设备工程</td><td>自动化通道相关设备检修</td></tr>
<tr><td>继电保护通道相关设备检修</td></tr>
<tr><td rowspan="3">系统工程</td><td>网络调整</td></tr>
<tr><td>业务割接</td></tr>
<tr><td>机房改造</td></tr>
<tr><td rowspan="4">配合电网</td><td>线缆工程</td><td>OPGW 光缆割接</td></tr>
<tr><td rowspan="3">设备工程</td><td>新站点传输设备接入</td></tr>
<tr><td>新站点调度电话开通</td></tr>
<tr><td>新站点自动化通道开通</td></tr>
<tr><td rowspan="3">配合市政等</td><td rowspan="3">线缆工程</td><td>普通光缆割接</td></tr>
<tr><td>ADSS 光缆割接</td></tr>
<tr><td>音频电缆检修</td></tr>
<tr><td rowspan="11">消缺类</td><td colspan="3">电源设备消缺</td></tr>
<tr><td colspan="3">网管设备消缺</td></tr>
<tr><td colspan="3">传输设备消缺</td></tr>
<tr><td colspan="3">交换设备消缺</td></tr>
<tr><td colspan="3">PCM 设备消缺</td></tr>
<tr><td colspan="3">图像监控设备消缺</td></tr>
<tr><td colspan="3">录音设备消缺</td></tr>
<tr><td colspan="3">配线系统消缺</td></tr>
<tr><td colspan="3">电视电话会议系统消缺</td></tr>
<tr><td colspan="3">应急指挥系统消缺</td></tr>
<tr><td colspan="3">动环监视系统消缺</td></tr>
<tr><td rowspan="3">其他</td><td colspan="3">重大事件保障</td></tr>
<tr><td colspan="3">通信光缆特巡</td></tr>
<tr><td colspan="3">通信设备特巡</td></tr>
</table>

（二）通信检修开展

根据开展方式不同将通信检修分为计划检修、临时检修和紧急检修。

计划检修指列入年度和月度计划的检修，主要包括：设备大修、技术改造、基建配套、运行维护以及与各级电网设备计划改造或检修工作相配合的通信设备检修。

临时检修指未列入年度和月度计划，需要临时组织实施的检修，主要包括：通信设备缺陷和安全隐患处理、与各级电网各项临时工作相配合的通信设备检修。

紧急检修指需要立即进行的通信设备检修，主要包括：因外力破坏或不可预期的

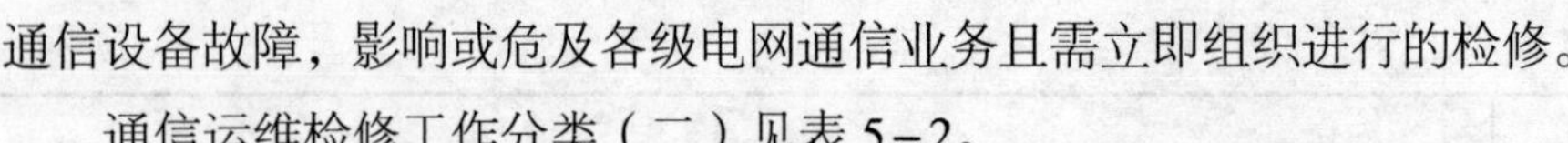
通信设备故障，影响或危及各级电网通信业务且需立即组织进行的检修。

通信运维检修工作分类（二）见表 5–2。

表 5–2　通信运维检修工作分类（二）

<table>
<tr><th>检修类别</th><th colspan="2">划分范围</th></tr>
<tr><td rowspan="3">计划检修</td><td rowspan="3">列入年度和
月度计划的检修</td><td>年度计划</td></tr>
<tr><td>月度计划</td></tr>
<tr><td>周计划</td></tr>
<tr><td>临时检修</td><td colspan="2">未列入年度和月度计划，需要临时组织实施的检修；部分临时检修可列入周计划执行</td></tr>
<tr><td>紧急抢修</td><td colspan="2">需要立即进行的通信设备检修</td></tr>
</table>

二、检修工作计划管理

（一）检修计划分类

通信检修计划根据时间跨度不同，可分为年度计划、月度计划、周计划。

年度计划、月度计划又根据工作性质不同分为通信独立检修、需电网配合检修、配合电网检修；根据检修设备和影响业务情况不同分为国网一、二级骨干通信网（含 500kV 及以上）检修计划和省网检修计划。

周计划涵盖范围较广，包括列入年度和月度计划中的工作、不改变通信设备运行状态的检修工作（无须列入年度和月度计划）、部分临时检修工作、特巡等突发性工作。

检修计划分类关系见表 5–3。

表 5–3　检修计划分类关系

<table>
<tr><th>检修计划</th><th colspan="2">具体分类情况</th></tr>
<tr><td rowspan="6">年度计划</td><td rowspan="3">国网一、二级骨干通信网
（含 500kV 及以上）检修计划</td><td>通信独立检修</td></tr>
<tr><td>需电网配合检修</td></tr>
<tr><td>配合电网检修</td></tr>
<tr><td rowspan="3">省网检修计划</td><td>通信独立检修</td></tr>
<tr><td>需电网配合检修</td></tr>
<tr><td>配合电网检修</td></tr>
<tr><td rowspan="3">月度计划</td><td rowspan="3">国网一、二级骨干通信网
（含 500kV 及以上）检修计划</td><td>通信独立检修</td></tr>
<tr><td>需电网配合检修</td></tr>
<tr><td>配合电网检修</td></tr>
</table>

续表

检修计划	具体分类情况	
月度计划	省网检修计划	通信独立检修
		需电网配合检修
		配合电网检修
周计划	列入年度和月度计划中的工作	
	不改变通信设备运行状态的检修工作（无须列入年度和月度计划）	
	部分临时检修工作	
	特巡等突发性工作	

（二）检修计划流程

通信检修计划流程包括计划填报、审核、平衡、上报审批、发布执行五个环节，月度通信检修计划是对年度通信检修计划的合理调整和必要补充。

1. 年度通信检修计划流程

（1）受国网信息通信部委托，国网信息通信公司每年 11 月下达下一年度通信检修计划任务至各级信息通信调度；

（2）各级通信运维单位根据所辖范围内通信设备运行状况，结合通信专业特点，通信设施的状态评价、风险评估，以及电网检修计划，制定年度通信检修计划并逐级上报；

（3）各级通信职能管理部门于年底前完成所负责管辖范围内通信网下一年度通信检修计划的审批和下达。

2. 月度通信检修计划流程

（1）各级通信职能管理部门每月初下达下一月度检修计划任务；

（2）各级通信运维单位结合通信系统现状及电网检修计划制定月度通信检修计划并逐级上报；

（3）经通信职能管理部门和电网调控中心审核同意后，各级通信调度每月底完成下一月度通信检修计划的审批和下达。

通信检修工作上报月度通信检修计划时，应将需电网配合检修的工作提前告知相应检修公司与电力调控中心，其中涉及 500kV 变电站和 500kV 输电线路的月度通信检修计划由省公司于每月 8 日前发检修公司。

通信检修计划申报审批流程如图 5-1 所示。

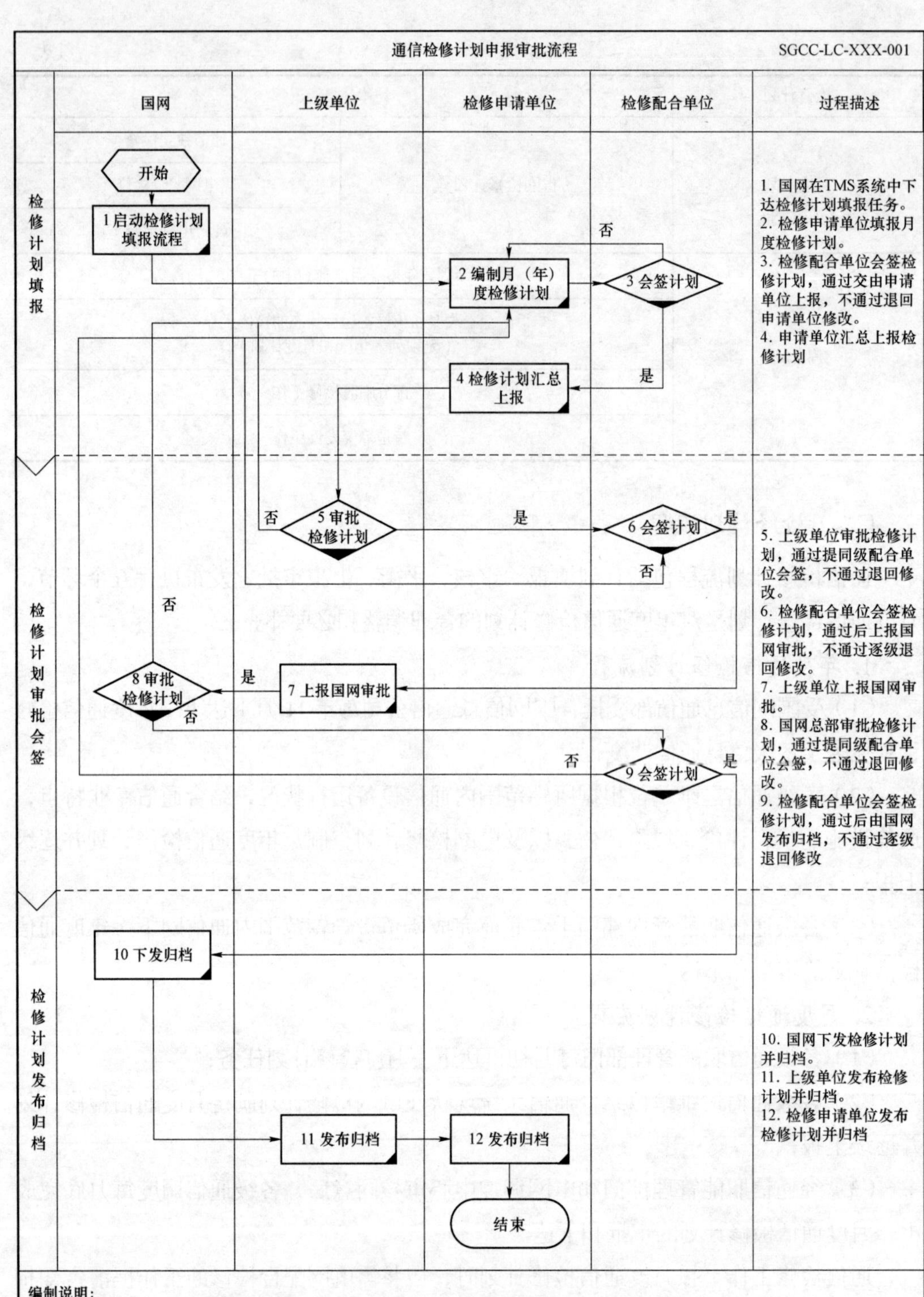

图5-1　通信检修计划申报审批流程

（三）检修计划填报审批

在确定了检修内容后，应及时填报检修计划。检修计划填报时间要求见表 5–4。

表 5–4　　　　检修计划填报时间要求

序号	检修计划类型	填报要求
1	年检修计划	本年度 11 月填报下年计划
2	月检修计划	①本月初填报下月检修计划 ②国网一、二级骨干通信网检修计划不可补充填报 ③省网检修计划本月底 3 天可补充填报 ④其中涉及 500kV 变电站和 500kV 输电线路的月度通信检修计划由省公司于每月 8 日前发检修公司
3	周检修计划	本周星期四之前填报下周计划

检修计划填报审批在 SG–TMS 系统中流转进行，登录系统，进入检修管理–检修计划流程–月度检修计划（年度检修计划），SG–TMS 检修计划填报界面见图 5–2。填报时编制单位、计划名称、检修类别、工作地点、检修内容、影响范围为必填项，根据检修的实际情况填写，反映检修工作的影响范围。

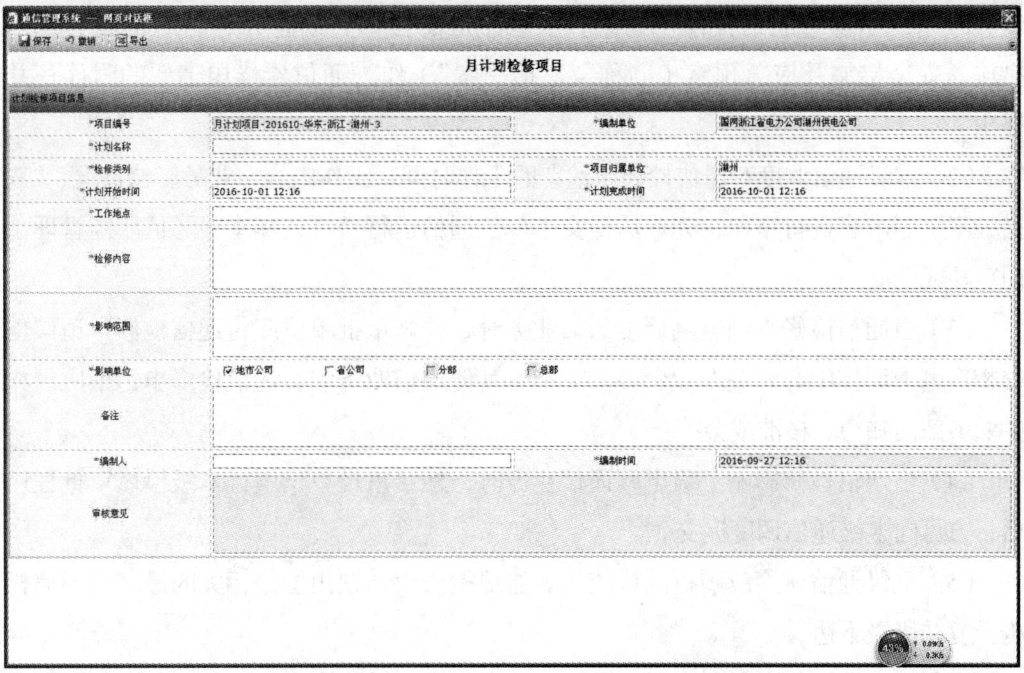

图 5–2　SG–TMS 检修计划填报界面

三、检修计划执行

（一）检修计划执行

列入检修计划的计划检修工作通过通信检修申请票流转执行。

通信检修申请票是通信检修执行的依据，检修申请单位必须及时办理通信检修申请票并得到批复后，方可执行。

1. 通信检修发起流程

（1）检修发起单位应委托通信运维单位作为检修申请单位提出检修申请。两者可为同一单位；当两者为不同单位时，检修发起单位应将通信检修工作的原因、依据、性质、影响范围、工作内容、时间以及对通信系统的要求等告知检修申请单位。

（2）电网运维单位发起涉及通信光缆、电缆的检修工作时，应作为检修申请单位或联系同级通信机构作为检修申请单位提交通信检修申请，联系通信机构时应提供工作原因、内容、地点、时间、方案等书面材料。

2. 通信检修申请及审批流程

（1）检修申请单位应提前 5 个工作日（临时检修应至少提前 2 个工作日）在通信管理系统中填写通信检修申请票，关联相应的检修计划，并将组织措施、技术措施、安全措施及应急预案（简称“三措一案”）作为通信检修申请票的附件一并提出。

（2）本级通信调度对通信检修申请票的工作时间、工作内容、业务影响情况、“三措一案”等内容进行审核，完成后提交本单位通信运行负责人和本级通信职能管理部门审核或批准。

（3）当通信检修影响电网调度通信业务时，检修审批单位应将通信检修申请票提交相应电力调控中心相关专业会签。如影响其他通信业务的，通信检修申请票应经相关业务部门知会、核准或会签。

（4）当通信检修影响上级电网通信业务时，检修审批单位履行本级检修审批程序后，方可向上级通信调度提交。

（5）上级通信调度应履行同样流程。通信检修申请票由检修相关的最高级通信机构批复并逐级下达。

（6）各审批环节原则上均不应超过 1 个工作日。通信检修申请票应在工作前 2 个工作日（临时检修应在工作前 1 个工作日）上午 9：00 前上报至最终检修审批单位。

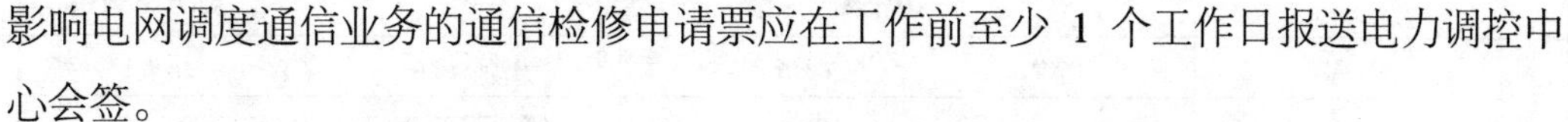

影响电网调度通信业务的通信检修申请票应在工作前至少 1 个工作日报送电力调控中心会签。

3. 通信检修开工流程

（1）检修施工单位根据检修内容，依据《电力通信现场标准化作业规范》准备工器具和材料，明确现场作业人员及责任分工，确认组织、技术和安全措施到位。

（2）变电站进行的通信检修工作，检修施工单位应填写现场工作票（变电站第二种工作票）并办理现场开工手续，电网运维单位应配合相关生产区域内的通信检修工作。独立通信站或中心机房进行的通信检修工作，检修施工单位应填写通信工作票，并履行审批程序。

（3）检修施工单位确认具备开工条件后，以电话方式向所属通信调度申请开工。

（4）相关通信调度与电力调控中心或业务部门沟通，确认电网通信业务保障措施已落实、受影响的继电保护及安全自动装置已退出、有关用户同意中断受影响的电网通信业务、通信网运行中无其他影响本次检修情况。

（5）相关通信调度以电话方式逐级许可开工。

（6）所属通信调度下达开工令。

4. 通信检修竣工流程

（1）检修施工单位确认检修工作完成，通信设备运行状态正常。

（2）检修施工单位确认具备竣工条件后，以电话方式向所属通信调度申请竣工。

（3）相关通信调度与电力调控中心或业务部门沟通，确认检修所涉及电网通信业务恢复正常、受影响的继电保护及安全自动装置业务恢复正常。

（4）相关通信调度逐级许可竣工。

（5）所属通信调度下达竣工令。

（6）变电站进行的通信检修工作，检修施工单位应及时办理现场工作票结票及现场竣工许可手续。独立通信站或中心机房进行的通信检修工作，检修施工单位应及时办理通信工作票结票手续。

实施通信检修时，检修施工单位应向所属通信调度汇报工作进度，听从通信调度统一指挥；通信调度应监视通信网络情况，做好事故预想和应对措施，与相关通信调度、业务部门及检修施工单位保持联系。

通信检修人员应在得到竣工令及所在生产区域管理人员许可后离开工作现场。

通信检修竣工后，相关通信调度应及时归档通信检修申请票。

通信检修申请票管理流程见图 5–3。

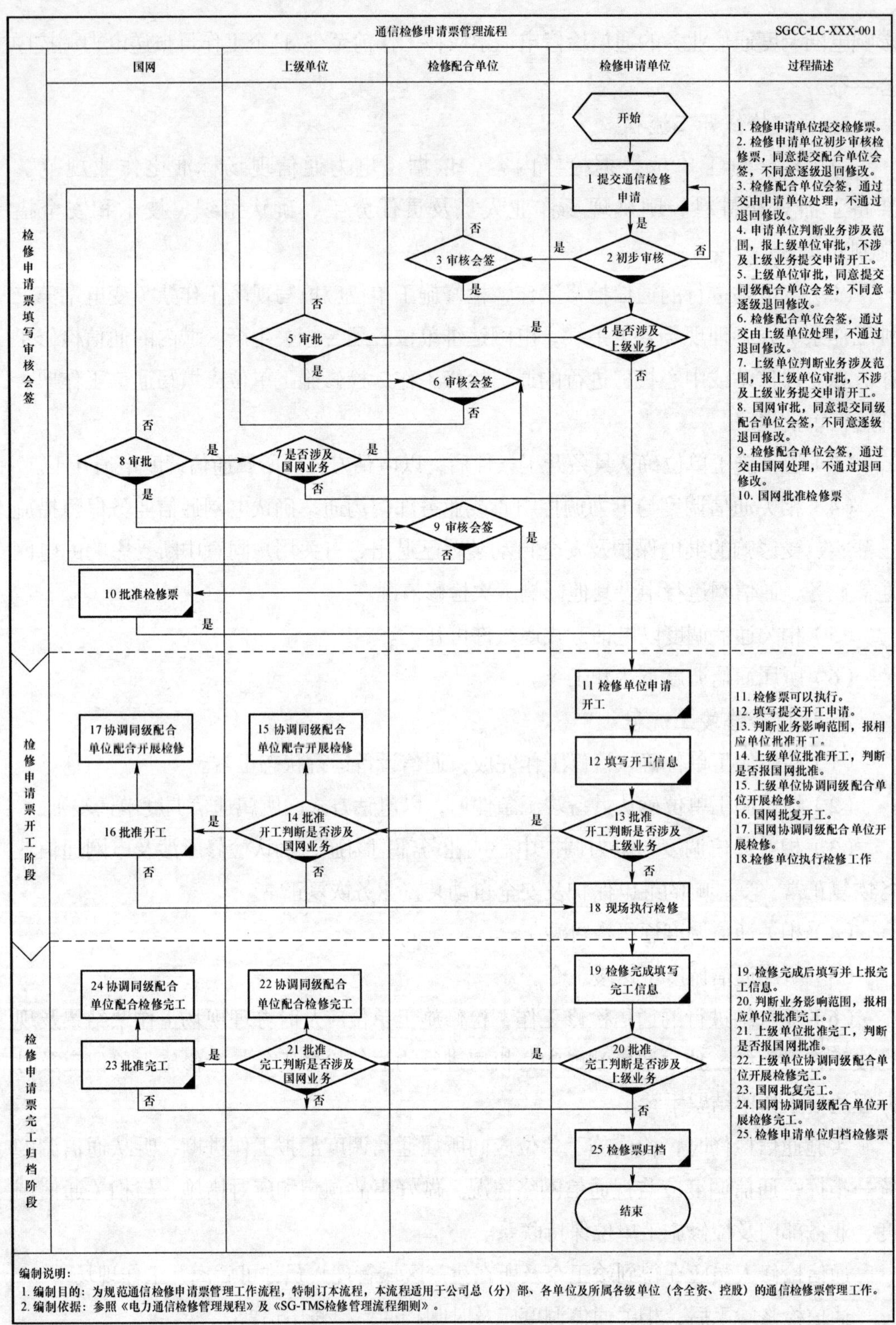

图5-3 通信检修申请票管理流程

（二）通信检修延期、改期

1. 通信检修开工延期流程

（1）因通信自身原因未能按时开、竣工，检修施工单位应在批复开工时间前 2h 向所属通信调度提出延期申请。

（2）因其他专业工作、恶劣天气等原因造成延期，检修施工单位应向所属通信调度报告，通信调度进行备案。

（3）所属通信调度逐级申报、批准后，由相关通信调度予以批复。影响各级电网通信业务的开工延期时间不得超过 4h；影响各级电网调度通信业务的开工延期时间不得超过 2h。

2. 通信检修竣工延期流程

（1）检修施工单位在批复竣工时间前 1h 向所属通信调度提出申请。

（2）通信调度根据本办法和实际情况进行批准。不影响各级电网通信业务的竣工延期时间不得超过 8h；影响各级电网通信业务的竣工延期时间不得超过 6h；影响各级电网调度通信业务的竣工延期时间不得超过 4h。

通信检修申请票只能延期一次。

因通信自身原因开工时间延期超过本办法要求，通信检修申请票自行废止，通信检修工作另行申请。

如因通信自身原因竣工时间延期超过本规定要求，应在规定竣工时间前完成通信检修部分单项内容，同时做好相应的安全防护措施，确保电网通信业务及通信设备安全可靠运行，其他工作另行申请。

3. 通信检修改期流程

（1）因非通信自身原因改期 3 天以内的，由检修施工单位向所属通信调度提出申请，通信调度原则上可同意继续工作。

（2）通信检修因通信自身原因改期，或因非通信自身原因造成改期超过 3 天的，原则上由通信调度退回申请单位重新申请。

（三）检修申请流程差异

根据检修设备和影响业务情况的不同，计划检修的检修申请流程存在差异。不同类型计划检修申请流程差异见表 5–5。

表 5–5　不同类型计划检修申请流程差异

计划检修类型	检修申请流程要求
涉及或影响单站全部调度电话的通信检修	通信检修单位作为检修申请单位提交通信检修票。至少提前 1 个工作日将通信检修票提交相应调控中心调控专业会签

续表

计划检修类型		检修申请流程要求
涉及或影响调度自动化业务通道的通信检修		通信检修单位作为检修申请单位提交通信检修票。至少提交相应调控中心自动化专业会签
涉及电网继电保护、安全自动装置业务通道的通信检修		通信检修单位作为检修申请单位提交通信检修票。至少提交相应调控中心继电保护专业会签
网管操作及中间通信站工作影响华东及以上调度管辖的继电保护/安稳通道		网管操作单位或中间通信站检修单位作为检修申请单位提交华东及以上调度管辖的继电保护/安稳通道，仅提交通信检修票，相关电网检修申请流程由华东办理
网管操作及中间通信站工作影响省调管辖的继电保护/安稳通道		网管操作单位或中间通信站检修单位作为检修申请单位提交通信检修票的同时应提交电网检修申请单。通信检修申请单位在电网检修管理系统中填写继电保护/安稳通道电网检修申请单，国网浙江信通公司进行审核，并作为电网检修申请单位提交省调调度计划处，按电网检修流程流转审批，由省电力调度控制处将检修申请批复给国网浙江信通公司。国网浙江信通公司通信调度作为省电力调控中心的调度对象接受调度指令，并逐级许可至相应通信检修申请单位。 通信检修申请票和电网检修申请单均获批复后方能实施通信检修工作
与电力线路同杆架设的通信线路检修	电力线路停役时间与同杆架设通信线路停役时间一致	电力线路与通信线路为同一张电网检修申请单，信通公司应进行会签，并办理通信线路的通信检修申请票
	同杆通信线路停役时间小于220kV电力线路停役时间	电力线路与通信线路为同一张电网检修申请单，信通公司应进行会签，并办理通信线路的通信检修申请票
	同杆通信线路停役时间小于500kV一次线路停役时间	电力线路与通信线路为两张电网检修申请单，信通公司应对涉及通信线路的电网检修申请单进行会签，并办理通信线路的通信检修申请票

四、临时检修

（一）临时检修分类

临时检修指未列入年度和月度计划，需要临时组织实施的检修工作。

临时检修工作分类见表5–6。

表5–6　　临时检修工作分类

检修类别	来源划分
临时检修	通信缺陷处理
	安全隐患处理
	各级电网各项临时工作相配合
	上级通知

（二）临时检修执行

临时检修无须填报检修计划，须填写通信检修申请票。临时检修应提前 2 个工作日（节日期间临时检修应提前 3 个工作日）提交通信检修申请票，于工作前 1 个工作日上午 9:00 前上报至最终检修审批单位。消缺类临时检修可根据缺陷紧急程度，经最终检修审批单位同意，可提前 1 个工作日上报。

五、紧急检修

紧急检修指需要立即进行的通信设备检修。主要包括：因外力破坏或不可预期的通信设备故障，影响或危及各级电网通信业务且需立即组织进行的检修。通信紧急检修遵循“先生产业务，后其他业务；先上级业务，后下级业务；先抢通，后修复”的原则。

各运维单位发现需要立即进行检修的通信故障或接到此类故障报告后，应按照《国家电网公司信息通信运行安全事件即时报告工作要求》立即向通信职能管理部门及上级通信调度（如影响电网调度通信业务，应立即向同级电力调控中心汇报）进行汇报，同时初步判断故障现象、影响范围后，组织紧急检修。

（1）变电站进行的通信检修工作，检修施工单位应填写现场工作票（变电站第二种工作票）并办理现场开工手续，电网运维单位应配合相关生产区域内的通信检修工作。独立通信站或中心机房进行的通信检修工作，检修施工单位应填写通信工作票，并履行审批程序。

（2）检修施工单位通过电话方式向所属通信调度提出开工申请。

（3）所属通信调度批准开工。

（4）紧急检修中如需中断电网调度通信业务，应向相关电网调度当值调度员或自动化当值人员进行口头申请，批准后方可执行；如需对运行中的继电保护或安全自动装置进行通道调整的，应在业务通道退出后方可执行。

（5）故障排除、业务恢复后，检修施工单位通过电话方式向所属通信调度提出竣工申请。

（6）所属通信调度批准竣工，检修施工单位办理完现场竣工许可手续后方可离开。

（7）紧急检修结束后，检修施工单位应及时将故障原因、处理结果、恢复时间等汇报所属通信调度。通信调度应确认通信业务恢复情况并通知相关电网调度专业部门。

（8）检修施工单位、通信调度及通信机构应在紧急检修完成后 48h 内提交故障分析报告，并逐级上报，在 72h 内提交至设备或业务所属通信调度，对于影响电网调度

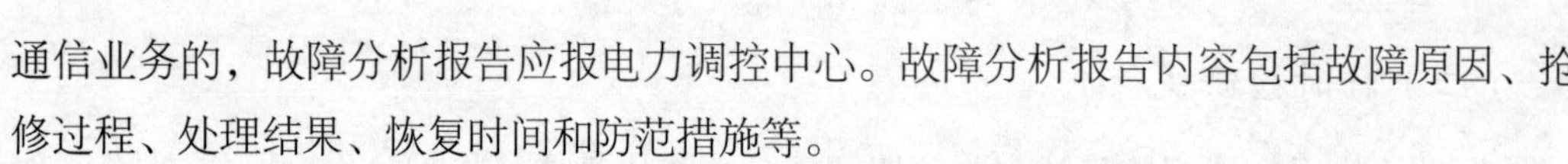

通信业务的，故障分析报告应报电力调控中心。故障分析报告内容包括故障原因、抢修过程、处理结果、恢复时间和防范措施等。

六、缺陷流程

（一）缺陷分类

电力通信设施/业务通道缺陷根据其影响的范围和后果不同，可分为紧急缺陷、严重缺陷和一般缺陷。影响业务的最高级通信调度具有缺陷最终定级权限。通信系统缺陷分类见表 5-7。

表 5-7　　通信系统缺陷分类

缺陷级别	缺陷定义	详细描述
紧急缺陷	紧急缺陷指通信设备的运行机能完全丧失或严重物理损伤或安装存在重大隐患，威胁通信设备安全及人身安全，必须立即通过紧急检修进行处理的通信设备缺陷	① 引起《国家电网公司安全事故调查规程》所列八级及以上事件的缺陷； ② 单口继电保护/安稳业务通道中断或异常，双口继电保护/安稳业务通道 A、B 通道同时中断或异常； ③ 省级及以上骨干网环网开环运行； ④ 通信主干网光路两处及以上中断，环网解列运行； ⑤ 各级电力调控中心、操作站、220kV 及以上变电站调度电话全停，或调度交换网汇接中心单台调度交换机故障全停； ⑥ 各级变电站、局站通信电源故障引起的通信蓄电池放电，或非通信原因引起的通信蓄电池放电且不能在 2h 内恢复，微波站蓄电池放电且不能在 24h 内恢复； ⑦ 由于通信原因引起的各级变电站调度数据网至相应调控中心业务单站全停，或 5 个及以上变电站调度数据网单通道中断； ⑧ 因通信原因信息单点全停或信息确认需紧急处理的信息通道故障； ⑨ 其他由受影响业务最高级通信调度定级的紧急缺陷
严重缺陷	严重缺陷指通信设备的部分运行机能丧失或有明显物理损伤或安装隐患，暂不影响通信设备的整体运行，但进一步扩大会转变为紧急缺陷，必须限期安排临时检修进行处理的通信设备缺陷	① 双口继电保护/安稳业务通道单通道中断或异常； ② 地区及以下通信主干网光路中断，环网开环运行； ③ 通信站因通信电源故障引起交流单电源供电； ④ 因通信原因各级变电站调度数据网至相应调控中心业务单通道中断； ⑤ 因通信原因信息通道中断； ⑥ 其他由影响业务最高级通信调度定级的严重缺陷
一般缺陷	除紧急缺陷和严重缺陷以外的其他通信缺陷为一般缺陷	—

（二）缺陷处理

通信缺陷处理时限要求见表 5-8。

表 5-8　　通信系统缺处理时限要求

缺陷级别	缺陷定义
紧急缺陷	紧急缺陷原则上应立即安排处理并在 2h 内消除或降低缺陷等级，经影响业务的最高级通信调度同意，可在 8h 内消除或降低缺陷等级；若有特殊情况不能处理的，应汇报上级信通公司和通信管理部门，并根据其意见在规定期限内处理完毕

续表

缺陷级别	缺陷定义
严重缺陷	严重缺陷应在24h内预处理并在72h内消除或降低缺陷等级，原则上要求一周内处理完毕，若有特殊情况不能处理的，应汇报上级信通公司和通信管理部门，并根据其意见在规定期限内处理完毕
一般缺陷	一般缺陷应安排在月度检修计划中处理，原则上要求在下一个月度检修计划周期内处理完毕，若有特殊情况不能处理的，应制定消缺计划

通信缺陷应填报缺陷单，缺陷单原则上由发现该缺陷的通信运维人员发起。用户发现并申告的缺陷由受理部门发起。发生紧急缺陷时，可先处理缺陷，后填写缺陷单。通信缺陷管理流程见图5-4。

1. 发现缺陷

通信运检人员、通信网管人员、系统专责发现通信缺陷，应及时向本级通信调度汇报，并填报缺陷单。

当通信缺陷影响电网调度通信业务时，由通信调度通知同级调控中心；影响上级电网通信业务时，汇报上级通信调度；影响其他电网通信业务时，通知相应业务部门。

2. 缺陷处理

当缺陷短时间无法恢复正常时，由相应单位组织协调进行故障预处理，可通过网管、光路迂回等方式恢复，或使缺陷降级。

3. 缺陷处理方式

（1）涉及国网省公司资产所属及以上通信设备的通信消缺工作，委托相关地市信通检修人员担任现场检修负责人（省公司统一发文公布检修负责人名单），重大通信消缺工作由省公司检修人员到现场担任检修负责人。

（2）发生紧急缺陷时，应由相应单位组织人员进行消缺处理和紧急抢修。涉及上级业务时由上级单位组织协调处理。

（3）因通信原因引起继电保护/安稳业务通道中断的现场紧急缺陷处理，由通信人员向相应检修公司现场人员或生产值班人员提出保护通道停役（保护退出或改信号）申请，通信设备维护单位负责提供受影响的具体业务内容；涉及继电保护/安稳业务通道的网管或中间站紧急缺陷处理由相应通信调度向电力调控中心申请；如需对运行的继电保护或安全自动装置进行通道倒换或迂回的，应在其退出后方可执行。

（4）发生严重缺陷和一般缺陷时，应由相应单位组织临时检修和计划检修，发起配套检修申请进行消缺。

（5）当需多次检修消除一个缺陷时，每次检修应分别提交检修票，每张检修票均应与缺陷单关联。

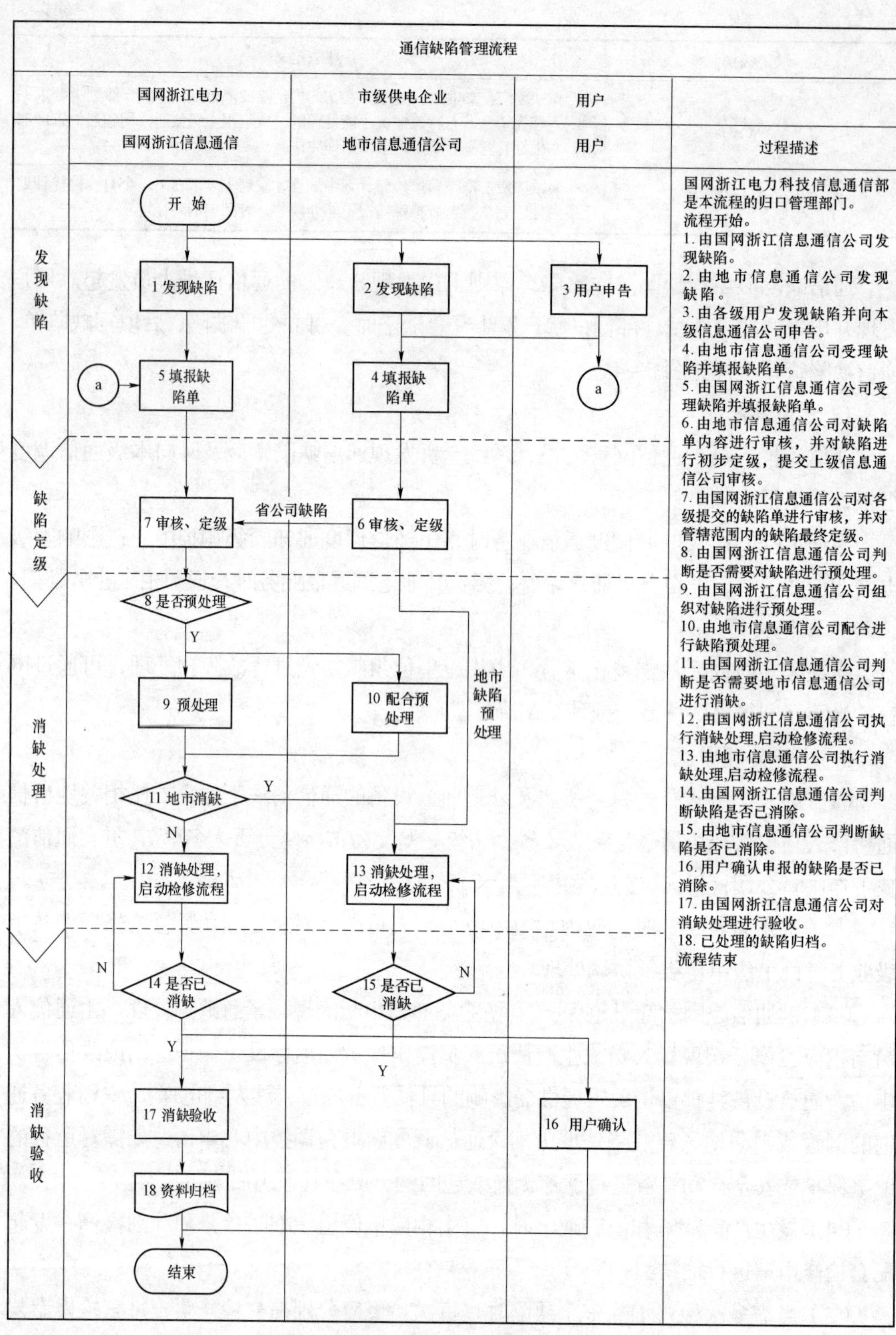

图 5-4　通信缺陷管理流程

4. 消缺验收

消缺工作结束，一般由缺陷发现单位进行验收；紧急消缺后，信息通信公司、通信管理单位应在 48h 内提交故障分析报告，并逐级上报。对于影响电网调度通信业务的，故障分析报告应报电力调控中心。

5. 归档

消缺完成后，缺陷单由发起人员完成归档，或由发起人员委托他人进行归档。

七、通信检修现场作业

（一）通信检修现场作业

通信检修工作应事先制定检修方案、组织措施、技术措施、安全措施、检修人员、检修时间和工作范围。检修施工单位应严格执行《国家电网公司电力安全工作规程（变电部分）、（线路部分）》的各项要求，填开工作票、操作票，规范执行工作许可制度、工作监护制度以及工作间断、转移和终结制度。

通信检修现场全体工作人员应熟悉作业指导书（卡）、“三措一案”，作业成员应掌握作业内容、设备运行状态、工作环境、危险预控措施、检修应急预案等内容，并执行现场组织、安全、技术措施，注重现场安全。

检修施工单位应按照批复确定的检修对象、范围、开竣工时间实施检修。

现场作业许可手续需完备，得到全部许可后方可开工；现场安全措施应满足现场要求，现场所有防护设施不得擅自挪动。

通信检修施工过程中，如发现检修影响其他电网通信业务或一次系统运行的，检修施工单位应暂停或终止检修，并立即向所属通信调度上报。经协调、会商后，通信检修工作可按延期或改期处理。

当各级电网调度或所在生产区域一次系统因安全需要临时终止或暂缓通信检修时，各级通信调度及通信运维单位、检修施工单位应予以服从，相关检修工作可按延期或改期处理。

通信检修人员应在检修竣工、办理完工作票结票手续，并经所在生产区域管理人员许可后离开工作现场。

通信检修工作竣工后，检修施工单位应恢复各类预控措施。重大检修施工作业应及时对各类预控措施执行情况进行评估及总结。

检修作业过程管理流程见图 5-5。

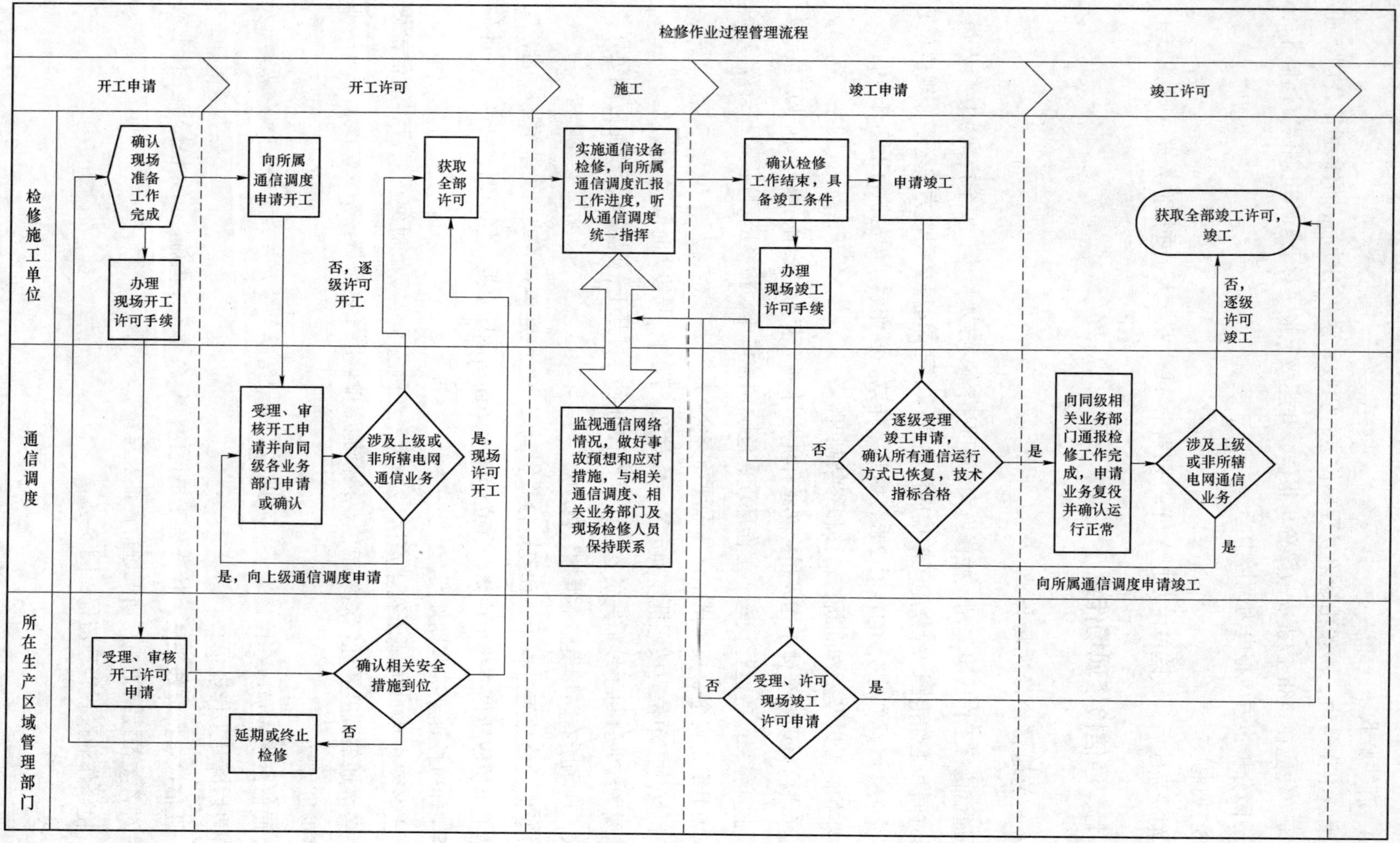

检修作业过程管理流程

开工申请
开工许可
施工
竣工申请
竣工许可

检修施工单位
通信调度
所在生产区域管理部门

确认现场准备工作完成
办理现场开工许可手续
受理、审核开工许可申请
确认相关安全措施到位
否
延期或终止检修
向所属通信调度申请开工
受理、审核开工申请并向同级各业务部门申请或确认
涉及上级或非所辖电网通信业务
是，向上级通信调度申请
否，逐级许可开工
是，现场许可开工
获取全部许可
实施通信设备检修，向所属通信调度汇报工作进度，听从通信调度统一指挥
监视通信网络情况，做好事故预想和应对措施，与相关通信调度、相关业务部门及现场检修人员保持联系
确认检修工作结束，具备竣工条件
办理现场竣工许可手续
受理、许可现场竣工许可申请
否
是
申请竣工
逐级受理竣工申请，确认所有通信运行方式已恢复，技术指标合格
否
是
向同级相关业务部门通报检修工作完成，申请业务复役并确认运行正常
涉及上级或非所辖电网通信业务
是
向所属通信调度申请竣工
否，逐级许可竣工
获取全部竣工许可，竣工

图 5－5　检修作业过程管理流程

（二）通信检修申请票

通信检修申请票应包含检修类别、检修设备类型、检修申请单位、检修申请人、负责人、联系电话、检修发起单位、检修配合单位、检修人、检修开竣工时间、检修原因、检修内容、影响业务情况、组织技术安全措施等内容。

通信检修申请票在 SG-TMS 系统中流转执行，样式见表 5-9。

表 5-9　　通信检修申请票样式

<table>
<tr><td>检修类型:</td><td>计划检修</td><td>编号:</td><td>检修-20150312-××-××-××-3</td></tr>
<tr><td>标题</td><td colspan="3">瓯四 5471 线 OPGW-72B1（500kV ××变-500kV ××变）开口接入 500kV ××变（月计划项目-201504-××-××-××-5）</td></tr>
<tr><td>发起单位</td><td>国网××省电力公司××供电公司</td><td>申请单位</td><td>国网××省电力公司××供电公司</td></tr>
<tr><td>申请人</td><td>黄××</td><td>联系电话</td><td>11111111111</td></tr>
<tr><td>检修类别</td><td colspan="3">配合电网检修</td></tr>
<tr><td>申请开工时间</td><td>2015-04-01 08:00</td><td>申请完工时间</td><td>2015-04-01 20:00</td></tr>
<tr><td>工作地点</td><td colspan="3">瓯四 5471 线 OPGW 及 500kV ××变、500kV ××变通信机房</td></tr>
<tr><td>检修原因/检修票来源</td><td colspan="3">500kV ××变基建工程，月计划项目-201504-××-××-××-5</td></tr>
<tr><td>检修工作内容</td><td colspan="3">500kV ××变基建工程，瓯四 5471 线 OPGW-72B1（500kV ××变-500kV ××变）开口接入 500kV ××变

设备类型：OPGW；设备类别：光缆；检修设备：（500kV ××变～瓯四 5471 线 75#塔光接头盒）72 芯 OPGW 光缆段；维护单位：国网××省电力公司××供电公司本部</td></tr>
<tr><td rowspan="3">影响业务</td><td>1. 其他，中断，省公司的××变 DWDM—×××MSTP/TMUX 10G：×××_CMT_S_161/S12/P1——×××_CW_S_014/S2/P1</td><td rowspan="3">采取措施</td><td>开环运行，环上业务不受影响。环上其他站点为×××、×××</td></tr>
<tr><td>2. 保护，中断，分部的都岭 5862 线第一套分相电流差动保护 B 通道（含第一套后备距离、方向零流）/第一套远方跳闸，通道编号：×××（B）</td><td>A、B 口保护业务由华东办理相关一次停复役申请</td></tr>
<tr><td>3. 保护，瞬断，国网信通的××直流极 I 控制主用 2M 通道（1）</td><td>已加装 2M1+1 切换装置。××直流极 I 控制主用 2M 通道（2）正常</td></tr>
<tr><td>对一次系统要求</td><td colspan="3">无</td></tr>
<tr><td>影响范围（检修计划导入）</td><td colspan="3"></td></tr>
<tr><td>采取措施</td><td colspan="3">1. 工作前各级通信调度汇报，许可后方可工作。
2. 工作前确认瓯四 5471 线本线已停电，相关继电保护业务已退出运行。
3. 工作中做好工作现场的安全防范和安全监护工作。
4. 工作完成后，经通信调度网管光路确认及继电保护业务运行正常，方可申请竣工</td></tr>
<tr><td>现场工作单位</td><td colspan="3">××省××建设公司（吴××，11111111111）</td></tr>
<tr><td>配合工作单位</td><td colspan="3">国网××省电力公司××供电公司（黄××，11111111111）</td></tr>
<tr><td>配合单位工作内容</td><td colspan="3"></td></tr>
</table>

1. 通信检修申请票填写要求如下

（1）检修类型：可填写“计划检修”或“临时检修”，根据通信计划检修项目填写相应的检修类别，特殊情况可在检修备注进行说明。

（2）申请人：选择检修票申请人，一般为本人。

（3）联系电话：申请人的手机全号，不应只填写固定电话及虚拟短号。

（4）发起单位：检修工作发起单位，一般为上级单位或平级单位，也可为本单位。

（5）申请单位：检修工作申请单位，一般为本单位。

（6）申请开工时间、竣工时间：应填写××××年××月××日××：××。

（7）检修工作原因：应简明扼要填写检修工作原因。

（8）检修工作内容：全面、逐条填写所涉及通信设备的检修工作内容。

（9）影响业务。

1）应逐条填写对电网通信业务的影响情况，先填写影响波分及光路情况，再填写该光路中影响的业务情况，并标注序号。根据检修票格式，可分业务所属等级的应分栏逐级填写，可从选择区选择的业务应选择后逐条进行核对；

2）影响继电保护及安自装置业务时，应注明“相关继电保护业务已按电网一次流程提出申请”或“一次线路已停电”；220kV 双口保护只中断其中一条通道时，工作前应通报电网调控中心调度员。

（10）采取措施。

1）逐条填写与影响业务相对应的业务（不中断）：

① 220kV 及以上 OPGW 光缆中断时，应填写同路由的所有电力线路（指与该 OPGW 光缆具有相同起点和终点的所有电力线路，包括同杆与非同杆的电力线路）未受影响继电保护业务；按每条线路至少 2 套保护考虑，若某线路无保护或不足 2 套保护须逐套填写“无××线第×套保护通道”；若某套保护是载波保护也要注明；

② 对于自动化、调度电话、继电保护及安自装置、信息、MSP1+1 主备光路等业务或通道，若只中断主用或备用的，应逐条填写与影响业务对应的备用或主用（不影响的业务）业务或通道；

③ 对于不开断光缆的光缆抬高、移位等工作，应注明该光缆上的所有业务，包括继电保护/安稳通道及其配对通道情况；

④ 对于传输设备拔、插板卡（光模块除外）工作，分组列出承载在该设备上且未中断的省调及以下管辖的继电保护/安稳通道与配对通道情况。

组织、技术和安全措施：应逐条填写相应的安全要求；影响继电保护业务通道，需确认电网调度同意××继电保护通道中断后方可工作。

2）其他说明（备注）：

① 地市通信网开环，将导致 2 个及以上 220kV 变电站（包括县公司）或 1 个及以上 500kV（包括局站）不能抵抗 $N-1$ 风险的工作，应在此列出受威胁的变电站网元名称和经本环传输的其他环不能抵抗 $N-1$ 风险的省调管辖调度生产业务；

② 业务已提前迂回的应在此注明；

③ 其他补充说明。

对一次系统要求：一般为无，涉及相关线路停电需说明。

采取措施：现场安全措施。

现场工作单位：计划检修现场实施单位。

现场联系人：现场检修人员，一般为在现场的工作负责人；

现场联系电话：检修人的手机全号，不应只填写固定电话及虚拟短号；

配合工作单位：配合检修的单位；

相关附件：根据检修工作情况，上传相关附件，如“三措一案”、通信过渡方案、通信业务迂回方案、作业指导书、通信应急预案、方式单等。

2. 通信检修票填报还需注意下列事项

（1）变电站名前应写出变电站电压等级，并正确使用 kV、kHz 等单位。

（2）蓄电池充放电试验检修应注明××kV××变电站第×组蓄电池充放电试验，第Ⅰ组蓄电池和第Ⅱ组蓄电池充放电试验时应分 2 张检修票填写，蓄电池充放电操作时间精确到分钟并符合以下规范：

放电时间：××年××月××日××时××分。

充电时间：××年××月××日××时××分。

恢复投运时间：××年××月××日××时××分。

（3）影响继电保护业务的检修工作，可分开申请（指相对独立完整的多个动作，下同）的要求每套保护分别填报通信检修申请票。引起光路中断的检修工作，可分开申请的要求每条光路分别填报通信检修申请票。

（4）拔、插板卡（光模块除外）、更改设备配置引起设备重启的检修工作，该设备上承载的所有华东及以上调度管辖继电保护/安稳业务应申请一次流程。

（5）新设备投产，插入多个环网中，每插入一个环，应填报一张通信检修申请票。

（三）变电二种工作票

根据国家电网公司电力安全工作规程的要求，在变电站通信设备上的检修工作，在申报通信检修申请票的同时，还需填写变电站（发电厂）第二种工作票，按照安全工作规程的说明填写，主要包括工作负责人、工作班成员、工作票签发人、工作内容和工作地点、工作条件等内容，变电站第二种工作票样式见图 5-6。

已执行　　　　合格/不合格

变电站（发电厂）第二种工作票

单位：信通公司　变电站：飞鹰变　编号：

1、工作负责人（监护人）：　　班组：通信运检班

2、工作班人员（不包括工作负责人）：

共＿人

3、工作内容和工作地点：

4、计划工作时间：自＿年＿月＿日＿时＿分至＿年＿月＿日＿时＿分

5、工作条件（停电或不停电，或临近带电及保留带电设备名称）：

6、注意事项（安全措施）：

序号	注意事项（安全措施）
1	
2	
3	
4	
5	
6	
7	
8	

工作票签发人：＿，签发日期＿年＿月＿日＿时＿分

7、补充安全措施（工作许可人填写）

序号	补充安全措施
1	
2	
3	

8、确认本工作票1至7项：

许可开始工作时间：＿年＿月＿日＿时＿分

工作许可人签名：＿　工作负责人签名：＿

9、确认工作负责人布置的工作任务和安全措施。

工作班人员签名：

10、工作负责人变动情况：原工作负责人＿离去，变更＿为工作负责人。

工作票签发人＿　＿年＿月＿日＿时＿分

共 2 页　第 1 页

变电站（发电厂）第二种工作票

单位：信通公司　变电站：飞鹰变　编号：

11、工作人员变动情况（增添人员姓名、变动日期及时间）：

工作负责人签名：

12、工作票延期：有效期延长到＿年＿月＿日＿时＿分

工作负责人签名：

工作许可人签名：＿　＿年＿月＿日＿时＿分

13、每日开工和收工时间（使用一天的工作票不必填写）

收工时间				工作负责人	工作许可人	开工时间				工作许可人	工作负责人
月	日	时	分			月	日	时	分		

14、工作终结：全部工作于＿年＿月＿日＿时＿分结束，工作人员已全部撤离，材料工具已清理完毕。　工作负责人签名＿　工作许可人签名＿

15、备注：

(1)指定专责监护人＿负责监护＿

(地点及具体工作)

（2）其它事项(可附页)：

共 2 页　第 2 页

图 5-6　变电站第二种工作票

（四）通信操作票

通信操作票是对通信设备、通信电源、网管操作等操作时填写的操作步骤和操作内容，类似于变电站使用“倒闸操作票”，由通信专业人员填写、审核、签发。通信操作票样式见图 5-7。

通信操作票

编号：

通信站名称		操作设备名称	
操作人		监护人	
计划操作时间	自　年　月　日　时　至　年　月　日　时		
操作依据			
操作任务			
序号	操作内容		操作结果
操作票终结	确认时间： 操作人：　　　　监护人：		

图 5-7　通信操作票

八、通信检修与其他工作协调要求

通信检修应在计划、申请、准备和实施等各个环节中注意与缺陷单、方式单、检修通知单、设计图纸、过渡方案、施工方案、协调会、一次检修停复役申请等相关环节的衔接配合。

（一）基建、技改、大修

因基建、大修、技改等工程配套通信检修时，应尽可能具备以下条件：

（1）设计单位出具通信设计方案和图纸。

（2）设计单位或检修申请单位出具通信过渡/业务迂回方案。

（3）检修申请单位出具应急预案。

（4）施工单位出具施工方案。

（5）检修申请单位编制的通信检修实施方案。

（6）召开审查、协调会：具体过渡/迂回方案、实施方案、应急预案等应通过相关审查、协调会落实。如果涉及上级业务时，应请上级通信相关部门参会。

（7）方式单：检修方案的落实应同时考虑方式单申请。

（二）通信过渡/业务迂回方案

下列通信检修工作应制定通信过渡/业务迂回方案，信息通信公司或项目主管单位应组织相关单位召开通信过渡/迂回方案及检修实施方案审查会，明确光缆或业务中断时间和安全保障措施：

（1）因基建、技改、市政工程等原因引起的220kV及以上输电线路OPGW光缆本体开断工作，使光缆中断时间超过12h的计划检修工作。

（2）导致正常运行的220kV及以上输电线路单套继电保护通道停役时间超过8h的计划检修工作。

（3）导致正常运行的同一条220kV及以上输电线路两套主保护通道同时中断的计划检修工作（线路计划停役除外）。

（4）导致220kV及以上输电线路双口继电保护A或B通道中断时间超过24h的计划检修工作。

（5）导致省网及以上光路中断超过12h的检修工作。

（6）地区主干网络开环，将导致2个及以上的220kV变电站（包括县公司）或1个及以上的500kV变电站（包括局站）不能抵抗$N-1$风险，时间超过12h的检修工作。

（7）上级通信部门要求制定通信业务迂回方案的通信检修工作。

通信过渡/业务迂回方案内容应包括工作原因、通信网络现状、业务现状、迂回方案的可行性研究及分析、所需器材和工具等。220kV 及以上输电线路 OPGW 光缆本体开断工作应由设计单位出具通信过渡/业务迂回方案，并列支方案实施所需经费。

（三）实施方案及应急预案

通信检修实施方案应由检修申请单位编制，包括工作原因、业务现状、继电保护的影响情况、业务迂回实施具体方案、工作分工及时间安排、实施步骤、涉及单位及联系方式等。

委托独立施工单位进行的通信检修工作应进行施工方案审查。

下列通信检修应由检修申请单位制定应急预案（已制定通信过渡/迂回方案的除外）：

（1）通信系统因基建、技改、市政工程等原因引起的 220kV 及以上输电线路 OPGW 光缆本体开断工作，使光缆中断，时间不超过 12h 的计划检修工作。

（2）导致 220kV 及以上输电线路单套继电保护直达或迂回保护通道停役，时间不超过 8h 的计划检修工作。

（3）导致省网及以上光路中断，时间不超过 12h 的检修工作。

（4）地区主干网络开环，将导致 2 个及以上 220kV 变电站（包括县局、分局）或 1 个及以上 500kV（包括局站）不能抵抗 $N-1$ 风险，时间不超过 12h 的检修工作。

（5）设备带电清洗工作。

（6）上级通信部门要求制定通信应急预案的通信检修工作。

（四）作业指导书/卡

大型现场检修作业应配套作业指导书，小型现场检修作业配套应作业指导卡。下列情形之一应为大型作业（但不限于）：

（1）通信设备更换。

（2）电力特种光缆更换。

（3）通信设备操作和检修造成大范围业务中断。

（4）对通信运行方式做大范围调整和改变。

（5）通信枢纽站配线设备更换。

作业指导书内容应包括：作业内容、作业人员要求、准备工作安排、作业工具、危险点分析、作业程序和作业标准、完工总结等。

作业指导卡内容应包括：人员分工、危险点分析及预控、关键工序的检修标准和质量要求、风险提示和检查情况。

（五）检修引起方式调整

通信消缺需要永久改变运行方式或者临时运行方式超过 10 天时，应具备相应的方式单。方式单执行符合检修工作标准的应履行通信检修申请程序。根据通信方式单要求工作，单纯不影响业务的投退工作按 Q/GDW 721—2012《电力通信现场标准化作业规范》的有关要求进行。

（六）上级单位下达检修工作

当上级单位因缺陷、工程等原因需要下级单位进行通信检修工作时，可通过检修通知单下达至下级检修单位。特殊情况下，上级单位可先以传真或电话等方式通知下级检修单位，事后再补发检修通知单。检修通知单应按照检修票的要求明确检修工作时间、内容、影响范围。

当上级单位因方式原因需要下级单位进行工作时，可通过方式单下达至下级检修单位。

九、其他通信运维工作

（一）资料管理

国网公司负责定期组织对运维资料进行现场抽查和指导工作。实施单位负责管辖范围内设备、光缆日常运维资料的编制、更新和归档，主要工作包括：

（1）定期完成设备运维资料的整理、更新和归档，确保图实相符。其中，设备巡视记录、故障记录、设备接线图和备用纤芯测试记录应在各站点存放。通信机房电源接线图应上墙张贴，并在运行方式发生变化时及时完成更新工作。

（2）保护、安稳等重要电网生产业务在配线架侧应采用特殊标记标识（建议采用红色），其他通信业务应采用统一标识在配线架前后面板同时进行标记，并做好配线使用记录。

（3）每月对管辖范围内设备开展运行统计分析，分析内容包括：设备/光缆故障统计、设备/光缆运行隐患分析和隐患整改建议等内容，并将分析结果上报至国网信息通信公司，故障记录见表 5–10。

表 5–10　　故障记录

序号	故障类型	时间	故障描述	故障处置
1	传输设备	×月×日	××设备上报电源故障，告警灯闪烁	经核查为网管主用服务器电源模块故障，备用服务器运行正常，将网管切换至备用服务器上运行后，网管系统监视恢复

续表

序号	故障类型	时间	故障描述	故障处置
2	通信光缆	××月×日	××设备××端口上报 LOS 告警	经查为××线路光缆被车辆挂断，经抢修人员现场对受损光缆进行熔纤后，系统于××：××恢复正常运行
3	2M	×月×日	××设备××槽位××板卡上报××告警	经过对 2M 业务通道进行打环测试，发现业务连通性正常，判断为 2M 端口故障，更换 2M 出线端口后，业务恢复正常

（二）日常运维

国网公司负责组织制定国网直调通信系统日常运维的工作标准。实施单位负责开展管辖范围内国网直调通信系统日常运维工作，主要工作包括：

（1）应配置管辖范围内国网直调通信系统通信设备的网管维护终端，接入 24h 有人值班的实时监控系统中，并安排专人负责网管维护终端的日常维护和账号管理工作。

（2）利用 TMS 系统、设备专业网管对管辖范围内国网直调通信系统通信设备进行告警监控，是告警监控的第一责任单位。

（3）通信机房应配备动力环境监控系统，监控信号应就近接入 24h 有人值班的实时监控系统中。

（4）利用网管系统完成每日 3 次的巡视工作，做好巡视记录，发现问题及时向国网公司上报。

（5）有人值守的通信站点，运维单位应每日对站内通信设备进行一次现场巡视（可委托变电站运维人员），巡视内容包括设备、电源和空调运行状态等，做好巡视记录。无人值守的通信站点，运维单位应通过动力环境监控系统对站点设备运行状态进行监控，发现问题及时向国网公司上报。

（6）至少每季度对管辖范围内国网直调通信系统的通信设备进行一次清洁（滤网、风扇等），可根据站点环境和设备实际情况缩短清洁周期，确保设备散热良好。

（7）每年对管辖范围内承载国网直调通信系统业务的光缆进行一次备用纤芯测试，做好测试记录。

（8）每年对管辖范围内的通信蓄电池进行一次充放电测试，做好测试记录。

（9）每年对管辖范围内通信设备的防雷接地情况进行一次检查，并编制检查报告。

（10）每年利用春、秋检机会，对管辖范围内变电站引下光缆封堵情况进行两次检查，确保光缆引下封堵情况良好。

（11）省公司大楼通信机房应配备专用 UPS 设备，并按要求开展 UPS 设备的例行巡检和蓄电池充放电测试工作。若与大楼共用 UPS 设备，应明确 USP 设备的运维责任，落实应急处置机制。蓄电池充放电测试记录见表 5－11，设备日常巡视见表 5－12，光缆备用纤芯测试见表 5－13，配线资源登记见表 5－14。

表 5－11　　　　蓄电池充放电测试记录

机房和电池信息							
电池型号				生产厂家			
安装日期	××年×月×日			生产工艺			
机房编号		电池组号		整组电压		单体电压	
电池组数		每组节数		标称容量		单节排序	
放电设置参数							
放电方式		放电电流		放电时间			
整组电压限		单体电压限		放出容量限			
测试信息							
环境温度		测试开始时间		终止原因			
环境湿度		测试时间		测试人			
结论和方案							
节号	开始电压	结束电压	结论	维护方案			

表 5－12　　　　设 备 日 常 巡 视

日期：　年　月　日			星期：	时间：	巡检人：
大类	序号	巡视项目内容		运行状态	备注
基础环境	1	空调	机房温度℃		
	2		机房湿度%RH		
	3		告警状态		
	4	通信电源（直流电源）	A 面（V）和（A）		
	5		B 面（V）和（A）		
	6	直流蓄电池			

续表

大类	序号	巡视项目内容		运行状态	备注
通信设备	1	通信设备	××设备指示灯状态		
	2		××设备指示灯状态		
	3		××设备指示灯状态		

说　明	
1	巡检设备的硬件指示灯，绿色为正常，填写“√”橙色和红色为告警填写“×”，并根据事件等级上报相关领导
2	巡检设备的工作状态，如工作正常填写“√”，工作状态异常填写“×”，在备注中说明，并根据事件等级上报相关领导
3	将被巡检机房直流柜、交流柜的状态数值填写在表格中

表 5-13　　光缆备用纤芯测试

序号	区段	A端	Z端	型式	敷设方式	芯数	使用芯数编号	空余纤芯编号	平均衰耗（dB）	产权
1	××-××	××	××	普缆/ADSS/OPGW	架空/地埋/管道	24/48	××-××芯	××芯	××	××
2	××-××	××	××	普缆/ADSS/OPGW	架空/地埋/管道	24/48	××-××芯	××芯	××	××

表 5-14　　配线资源登记

序号	区段	A端	Z端	型式	芯数	芯数编号	承载业务情况	产权
1	××-××	××	××	普缆/ADSS/OPGW	24/48	××芯	××系统	××
2	××-××	××	××	普缆/ADSS/OPGW	24/48	××芯	空闲	××

（三）备件管理

国网公司负责编制国网直调通信系统备品备件管理办法，组织完成备品备件的购买、仓储、维护、调配、报废。实施单位负责管辖范围内备品备件的日常管理工作，协助完成备件出库及返修工作，主要工作包括：

（1）安排专人负责管辖区域内国网直调通信系统备件管理工作，确保备件管理系统数据的准确、完整。

（2）故障发生后，各单位应在国网信息通信调度的统一指挥下，完成备品备件的调拨及出入库登记工作，并于 3 个工作日内将更换后的故障板件发送至国网公司进行返厂维修。

（3）于月底前将备件采购需求上报至国网公司。

设备维保/备件管理工作流程见图 5-8。

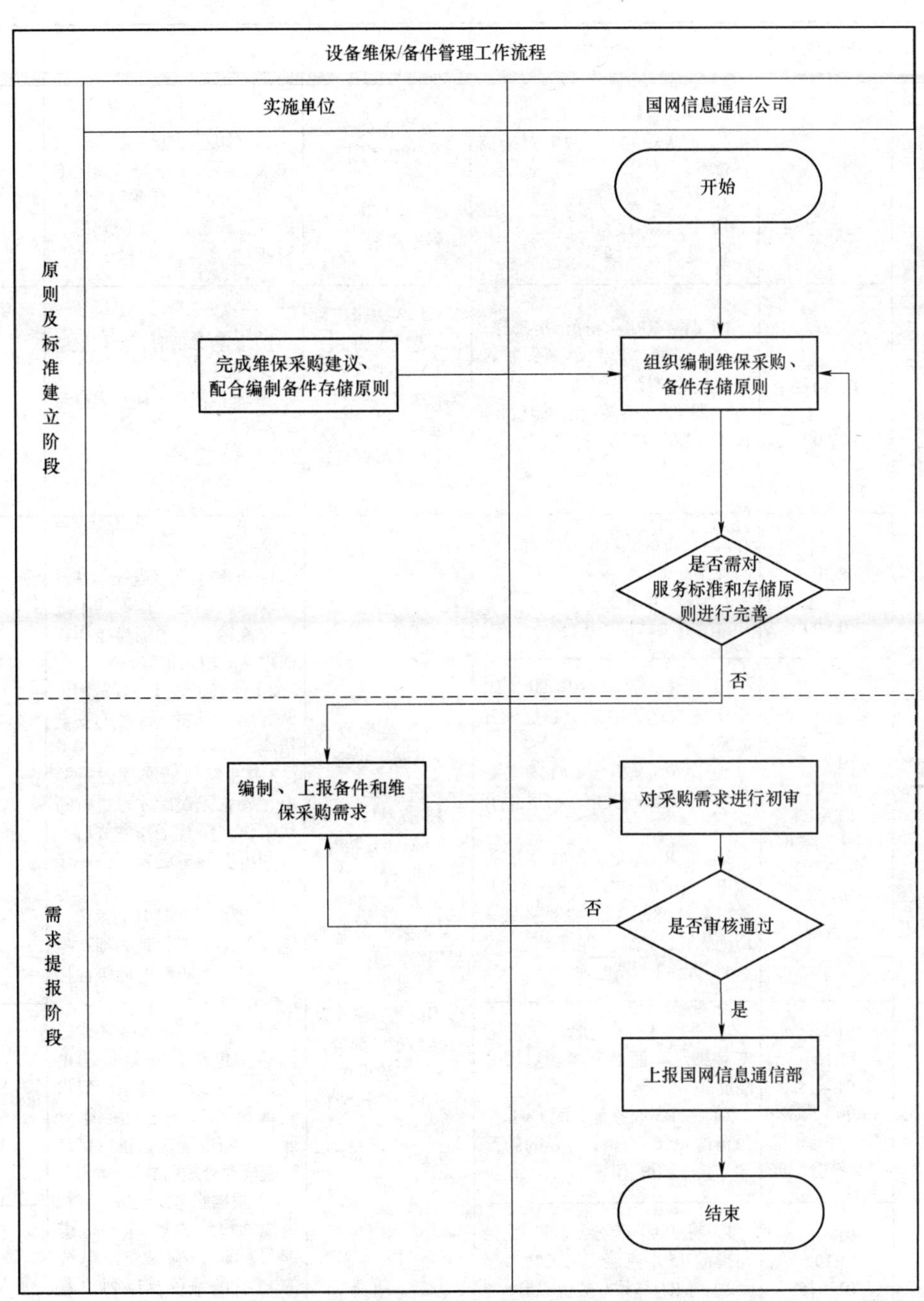

图 5-8　设备维保/备件管理工作流程

十、检修作业流程举例

以 500kV 含山变第一套通信电源整体更换为例，检修作业流程详细见表 5－15。

表 5－15　　500kV 含山变第一套通信电源整体更换工作进度及安全预控表

<table>
<tr><th>顺序</th><th>停役设备</th><th>工作内容</th><th>危险点分析</th><th>安全预控措施</th><th>备注</th></tr>
<tr><td rowspan="2">前期准备</td><td>—</td><td>1）现场摸底。
2）电缆走向、长度，开关位置查看。
3）材料、备件准备。
4）危险点分析和讨论。
5）施工方案学习</td><td>1）材料准备不充分影响工期、安全、质量。
2）工作内容、流程不清楚</td><td>1）材料准备充分。
2）召集工作班成员及相关技术支持人员学习《施工方案》，明确工作任务和范围，做到工作流程、步骤熟悉、清晰</td><td></td></tr>
<tr><td>01－13 08:30～01－13 09:00</td><td>1）调整 R8/继保通信接口屏、R19/继保通信接口屏内保护接口装置电源接入方式。
2）调整 R3/直流分配屏#1、R4/直流分配屏#2 部分负载电源接入方式</td><td>1）误碰带电部位，造成人身触电。
2）误碰电源开关，造成设备供电电源中断。
3）误接线造成设备损坏</td><td>1）扩容改造时，使用绝缘工具。
2）谨慎操作，防止误碰带电部位。
3）加强监护</td><td></td></tr>
<tr><td rowspan="4">1. 第一套通信电源整体更换</td><td>01－15 08:30～01－15 09:00</td><td>1）向通信调度汇报情况，得到工作许可以后准备工作。
2）现场开具变电二种工作票并得到许可后准备工作</td><td rowspan="4">1）工作过程中，高频开关屏交流输入中断，导致在运设备停运。
2）人触电。
3）断错连接线，导致非停运整流屏失去直流供电。
4）装拆蓄电池易引短路。
5）线头绝缘处理不彻底，导致误碰其他带电部位。
6）交流电缆相序接错，会造成设备损坏。
7）直流电缆的正负极接反</td><td rowspan="4">1）工作前与变电操作站及时联系，确保工作期间不进行交流输入电源倒换操作，保障交流输入正常。
2）明确工作任务和范围，做好防止误碰、误触的安全措施。
3）在断线前必须进行验电，确认无误后才可进行断线工作，断开工作完成后，必须再次验电后才可进一步工作。
4）蓄电池工器具必须经过绝缘处理，工作时必须有专人监护，严防蓄电池极性接反的事情发生。
5）在割接过程中，不论是拆除的电缆或是复接的电缆，都必须对其端头、复接处或接线端子进行绝缘处理，以防电缆在设备内穿绕时造成意外短路故障。
6）根据原电源设备交直流电缆的接线位置，编写电缆编号标记，确保交流电缆的相序、颜色及排列位置正确性。</td><td></td></tr>
<tr><td>01－15 09:00～01－15 12:00 拆除 R5/蓄电池组#1 屏</td><td>1）在 R1/高频开关电源#1 侧，断开与 R5/蓄电池组#1 之间开关。
2）在 R5/蓄电池组#1 侧，断开与 R1/高频开关电源#1 之间开关。
3）在 R5/蓄电池组#1 侧，拆除 R5/蓄电池组#1 与 R1/高频开关电源#1 之间连接线。线头确认用绝缘胶带绝缘处理。
4）拆除 R5/蓄电池组#1</td><td></td></tr>
<tr><td>01－15 12:10～01－15 14:00 安装新第一套通信电源直流分配屏</td><td>1）在原 R5/蓄电池组#1 位置安装第二套通信电源新直流分配屏。
2）将 R5/新直流分配屏#1 用预留的电缆与已安装好的新高频开关电源屏相连</td><td></td></tr>
<tr><td>01－15 14:10～01－15 18:00 负载割接</td><td>1）将 R4/直流分配屏#2 业务割接至 R5/新直流分配屏#1。
2）将 R1/高频开关电源#1。
交流业务割接至已安装好的新高频开关电源屏</td><td></td></tr>
</table>

续表

顺序	停役设备	工作内容	危险点分析	安全预控措施	备注
1. 第一套通信电源整体更换	01－15 18:10～01－15 20:00 旧屏拆除	1）断开旧高频开关电源的交流输入。 2）拆除旧高频开关电源屏。 3）拆除旧直流分配屏	1）工作过程中，高频开关屏交流输入中断，导致在运设备停运。 2）人触电。 3）断错连接线，导致非停运整流屏失去直流供电。 4）装拆蓄电池易引短路。 5）线头绝缘处理不彻底，导致误碰其他带电部位。 6）交流电缆相序接错，会造成设备损坏。 7）直流电缆的正负极接反	7）直流电缆的拆卸、安装、连接时应注意：接线时，应按先正（＋）极、后负（－）极的顺序进行操作；拆线时，按照先负（－）极、后正（＋）极的顺序进行。 8）根据原电源设备交直流电缆的接线位置，编写电缆编号标记，确保电缆拆装过程中不会错乱	
2. 所有负载接入新通信电源系统完毕后确认设备运行正常					
3. 向调度汇报工作结束并终结变电二种工作票，得到调度许可后清场撤退					

第六章
安 全 管 理

第一节 工 程 安 全

地县信息通信专业工程包括技改、大修等项目工程和信息通信系统日常运维中大型的检修工程，在工程实施过程中，必须做好方案编制、安全监护等安全措施，确保整改工程实施的安全。

一、工程实施前的安全要求

（一）开展作业现场安全勘察

信息通信工程实施前，必须对信息通信实施现场进行详细的现场勘察，勘察内容包括施工作业现场的条件、环境及其他危险点（如各类线缆走向、设备运行状态、电源情况等），同时明确施工过程中应采取的作业步骤及安全措施。现场勘察工作结束后，填写《现场勘察记录单》（见表6-1），作为工程施工详细施工方案的编制依据。

（二）编制工程实施“三措一案”

依据《现场勘察记录单》和项目设计方案，工程负责人编制工程实施“三措一案”，包括组织措施、技术措施、安全措施、施工方案，安全措施必须和《现场勘察记录单》内容一致，施工方案必须明确工程实施现场作业现状、工程实施工器具、工程实施详细步骤等内容。工程实施“三措一案”必须有分管领导进行审核和批准。

（三）开展实施人员安全培训

工程施工人员必须经过安全培训和考试，培训内容至少包括安规、保密、现场标准化作业要求等内容，考试合格后，地县信息通信部门向安监部门进行备案，由安监部门下发工作施工证，工程施工过程中，施工人员必须佩戴施工证，确保施工过程中不发生人身伤害事故、不发生设备损坏事故、不发生影响电网安全运行事故、不发生交通事故、不发生破坏或影响环境的事件。

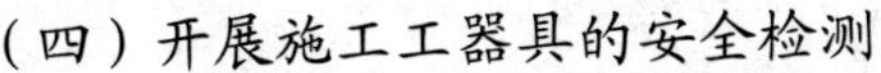

工程实施前，必须对工程实施的工器具进行安全检测，特别是网络测试仪、万用表等检测类设备，确保施工工器具安全、有效。

表 6－1　　　　现场勘察记录单

现场勘察记录单

（信息通信专业）

勘察单位：________________ 部门（或班组）：________________

勘察负责人：________________ 勘察人员：________________

作业任务：________________________________

____

勘察地点（包括勘察线路或设备）：________________________________

____

现场勘察内容

1. 作业现场的条件、环境及其他危险点（如：各类线缆走向、设备运行状态、电源情况等），可附图说明。
2. 应采取的作业步骤及安全措施。

记录人：________________　　　　勘察日期：______年___月___日

（五）严格执行信息通信“两票”制度

现场作业前，工作负责人根据《现场勘察记录单》和工程实施“三措一案”编制现场作业工作票和操作票，工作票中现场作业安全措施必须《现场勘察记录单》和工程实施“三措一案”相关内容保持一致，操作票中操作步骤必须和实施方案保持一致。工作票和操作票需明确现场作业工作负责人、监护人和现场作业人员，同时工作票和操作票应明确操作时间、地点、任务、项目（步骤）、操作人、监护人、审核人等内容。每张操作票只能填写一个操作任务。操作人和监护人应是本次工作票中明确的工作班成员。监护人应由工作负责人指定，也可由工作负责人担任。审核人由工作许可人、工作签发人、工作负责人担任，但工作负责人不能同时担任监护人和审核人。操作人员应认真填写操作票，操作项目应能反映操作任务的主要内容或步骤，应具体详细。

除日常巡视、监控外，在已正式投入生产运行的信息通信系统、机房电源系统以及辅助系统上设备安装、调试、故障检修、安全性测试、预防性试验、备份与恢复、软件变更等工作，以及机房新设备安装、调试等工作时，执行工作票制度。如工作场地在变电所或信息机房和变电所同时工作的情况下，首先应填写信息系统工作票，到了变电所再填写变电所的二次工作票。变电所的工作票编号记录到相应的信息系统工作票中。在变电所现场工作，应严格遵循《电力安全工作规程》填写变电所相应的二次工作票，并按二次工作票规定执行。

二、工程实施过程中的安全要求

（一）工程施工人员安全交底

工程实施现场负责人必须对现场工程施工人员进行安全交底，内容包括：

（1）施工作业涉及设备运行状态，施工每个步骤设备状态；

（2）每位施工人员的作业内容；

（3）施工过程中现场安全措施；

（4）施工过程中注意事项等。

（二）安全措施交底

安全措施交底应与技术交底同时进行。交底应有书面记录，所有接受交底人均需签字。施工人员应按交底要求施工，不得擅自变更施工方法。

（1）检查工作班成员所带安全工器具、施工器具、设备材料等是否完好、齐全，人员身体、精神状况是否良好；检查工作现场的安全、技术措施是否正确、完备。

（2）做好现场施工安全措施。由现场作业许可人根据项目施工安全措施内容，做好现场施工安全措施。现场施工负责人对安全措施进行检查和测试。

（3）工程实施现场负责人把控施工作业进度和人员安全。施工过程中，工程实施人员服从工程实施现场负责人统一指挥，在确保信息通信安全、稳定运行的前提下，有条不紊地根据项目施工方案开展工作，遇到特殊情况，及时向工程实施现场负责人汇报，由负责人统一安全施工工作。

（4）工程项目中涉及设备及系统安装调试完成后，职能管理部门应组织施工单位和技术支撑单位对设备、系统及其运行环境进行安全评估，并形成相关记录和报告；设备及系统在评估完成前，不能提前入网试运行；试运行期间发现的安全隐患应由施工单位进行安全整改。

（5）领导干部和管理人员到岗到位。工程实施现场作业工程中，单位领导干部和管理人员应加强现场作业安全巡视，重点查安全责任落实、项目安全管理机构配置及工作开展情况、人员行为规范、设备状态、安全规章制度执行情况、工作票安全措施是否与现场安全风险相符及措施实施的有效性，督促作业现场制定完整的安全措施并落实到位，确保施工安全。

三、工程实施完成后的安全要求

信息通信职能管理部门和信通运维单位按照职责分工，负责或参与所辖范围内各类信通工程项目的验收工作，确保工程中信通系统安全、优质、零缺陷投入运行。

1. 通信工程验收内容

（1）传输设备验收。传输设备按照表 6－2 的内容进行验收。

表 6－2　　传输设备验收表

序号	项目	内　容	要　求
1	开箱检验	检查 SDH 设备、PCM 设备单元等的开箱情况	根据设备采购合同和设备装箱（验货）清单对到站设备进行开箱检验，设备齐全完好
2	机架安装验收	机架、子架安装质量检查	机架安装位置、子架面板布置应符合施工设计要求
			机架安装端正牢固整齐，固定及抗震措施应符合施工设计要求
			机架上所有紧固件必须拧紧，同一类螺丝露出螺帽的长度应基本一致
			子架与机架连接符合设备装配要求，子架安装牢固、排列整齐，接插件安装紧密，接触良好
		缆线布放及成端检查	机架内所布放的各种缆线（包括电源线、接地线、尾纤、通信线缆等）规格符合设计规定，技术指标应符合设计要求。电源线中间不得有接头，并使用统一、不同颜色的缆线区分直流电源极性。电源线额定载流量应不小于设备使用电流的 1.5～2 倍

续表

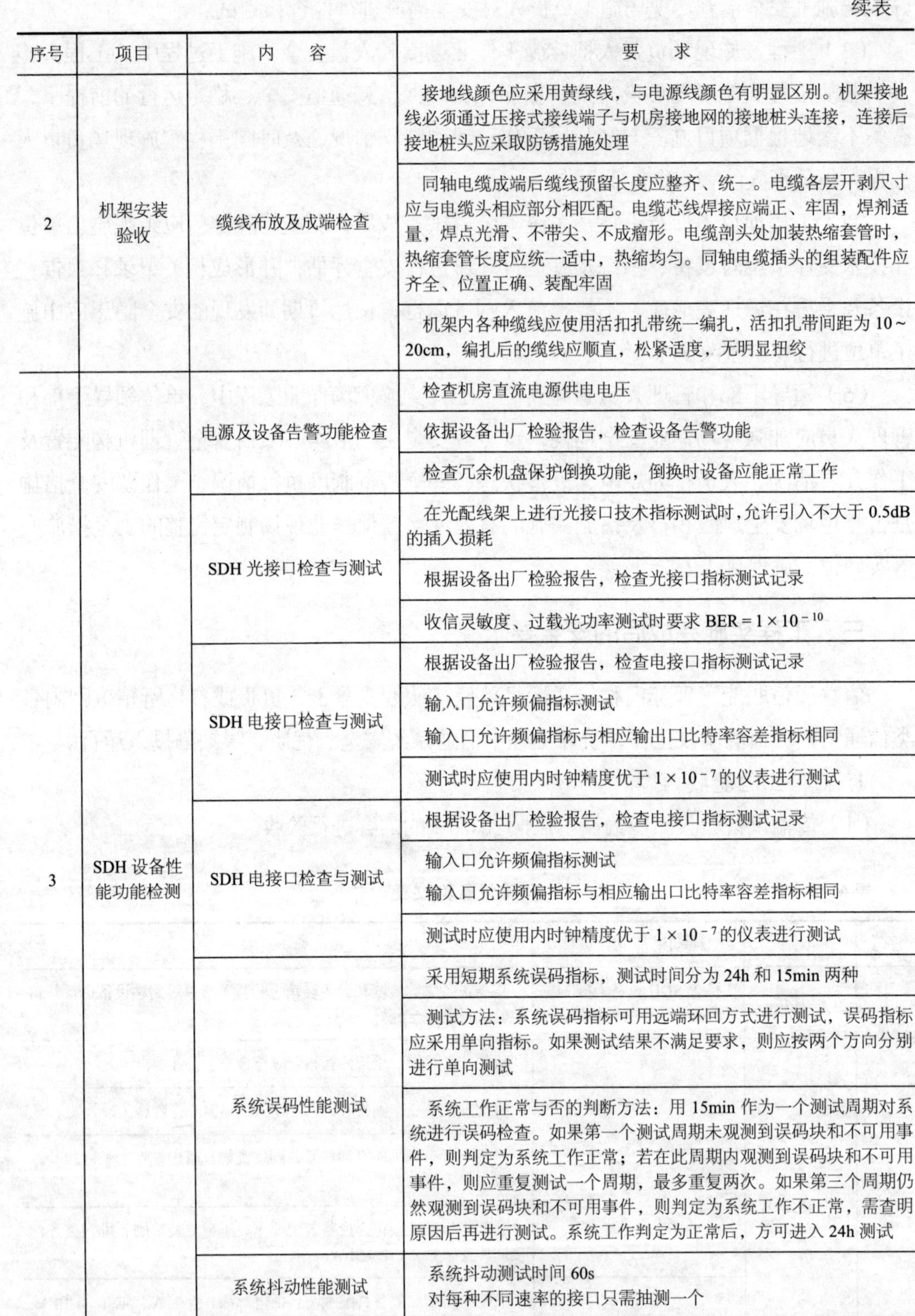

序号	项目	内　容	要　求
2	机架安装验收	缆线布放及成端检查	接地线颜色应采用黄绿线，与电源线颜色有明显区别。机架接地线必须通过压接式接线端子与机房接地网的接地桩头连接，连接后接地桩头应采取防锈措施处理
			同轴电缆成端后缆线预留长度应整齐、统一。电缆各层开剥尺寸应与电缆头相应部分相匹配。电缆芯线焊接应端正、牢固，焊剂适量，焊点光滑、不带尖、不成瘤形。电缆剖头处加装热缩套管时，热缩套管长度应统一适中，热缩均匀。同轴电缆插头的组装配件应齐全、位置正确、装配牢固
			机架内各种缆线应使用活扣扎带统一编扎，活扣扎带间距为 10～20cm，编扎后的缆线应顺直，松紧适度，无明显扭绞
3	SDH 设备性能功能检测	电源及设备告警功能检查	检查机房直流电源供电电压
			依据设备出厂检验报告，检查设备告警功能
			检查冗余机盘保护倒换功能，倒换时设备应能正常工作
		SDH 光接口检查与测试	在光配线架上进行光接口技术指标测试时，允许引入不大于 0.5dB 的插入损耗
			根据设备出厂检验报告，检查光接口指标测试记录
			收信灵敏度、过载光功率测试时要求 $BER=1\times10^{-10}$
		SDH 电接口检查与测试	根据设备出厂检验报告，检查电接口指标测试记录
			输入口允许频偏指标测试 输入口允许频偏指标与相应输出口比特率容差指标相同
			测试时应使用内时钟精度优于 1×10^{-7} 的仪表进行测试
		SDH 电接口检查与测试	根据设备出厂检验报告，检查电接口指标测试记录
			输入口允许频偏指标测试 输入口允许频偏指标与相应输出口比特率容差指标相同
			测试时应使用内时钟精度优于 1×10^{-7} 的仪表进行测试
		系统误码性能测试	采用短期系统误码指标，测试时间分为 24h 和 15min 两种
			测试方法：系统误码指标可用远端环回方式进行测试，误码指标应采用单向指标。如果测试结果不满足要求，则应按两个方向分别进行单向测试
			系统工作正常与否的判断方法：用 15min 作为一个测试周期对系统进行误码检查。如果第一个测试周期未观测到误码块和不可用事件，则判定为系统工作正常；若在此周期内观测到误码块和不可用事件，则应重复测试一个周期，最多重复两次。如果第三个周期仍然观测到误码块和不可用事件，则判定为系统工作不正常，需查明原因后再进行测试。系统工作判定为正常后，方可进入 24h 测试
		系统抖动性能测试	系统抖动测试时间 60s 对每种不同速率的接口只需抽测一个
		时钟选择倒换功能检查	设备在外部时钟信号丢失或接收信号出现 AIS 后，应在 10s 内启动倒换，倒换过程中系统不应出现误码

续表

序号	项目	内 容	要 求
3	SDH设备性能功能检测	公务电话系统检查	呼叫方式检查：各站预置的电话号码应正确；应具备选呼、全呼、分组呼功能；拨号应无错号；应能正确被叫
			话音质量评定：话音清晰、无杂音、无啸叫，音量适中
		保护倒换功能检查	当系统发生测试表中任一故障时系统应进行自动保护倒换
			系统自动保护倒换应在检测到信号失效（SF）或信号劣化（SD）条件后50ms内完成
		环回功能检查	环回功能检查时，需对不同速率信号分别按设备内部环回和外部环回方式，检查近端环回和远端环回情况
		光通道储备电平复核	依据设备单机测试记录，考核光通道传输储备电平值是否符合设计要求
			计算光通道传输储备电平时，应扣除发光器的“余度值”（3dBm）
			填写测试记录
		网管连接网元功能检查	网管可以连接到SDH网元进行告警、故障、安全、配置、性能管理
4	PCM设备性能功能检测	2M接口测试	输出口比特率测试、输入口抖动容限测试
		铃流电压测试	铃流发生器输出电压的测试结果应符合设备维护手册技术要求
		音频通道发/收电平测试及信令功能检查	音频通道发、收信电平的测试结果应符合设备维护手册技术要求
			每对PCM设备音频通道发/收信电平测试数量应占音频通道配置总量的10%~20%，音频通道的信令功能（FXO/FXS E/M）应进行100%检查

（2）配线架验收。配线架按照表6–3的内容进行验收。

表6–3　　配线架验收表

序号	项目	内 容	要 求
1	开箱检验	检查音配、光配、数配机架（包括单元）等的开箱情况	根据设备采购合同和设备装箱（验货）清单对到站设备进行开箱检验，设备齐全完好
2	配线架	机架安装及架内缆线布放质量总体要求	机架安装位置应满足设计要求
			线缆进入配线架后，应可靠固定
			线缆应留有一定的余量
			机架内各种缆线应使用活扣扎带统一编扎，活扣扎带间距为10~20cm，编扎后的缆线应顺直，松紧适度，无明显扭绞
			标识应整齐、清晰、准确
3	数配	配线、标识	根据设备2M电缆的2M通道数量进行配线
			2M接线端子应加装编号标识
4	音配	防过电压、标识	机房外部缆线接入音频配线架时，必须使用过流、过压保护装置
			根据设备64K接口板的音频通道数量进行全额配线

续表

序号	项目	内　容	要　求
5	光配	接续盒安装	熔纤盘内裸纤盘留量不少于 500mm，弯曲半径不小于 30mm
			尾纤弯曲半径不小于 40mm
			采用光缆终端盒时，终端盒安装应固定可靠，放置地面时应采取防水、防潮等措施

（3）电源系统验收。电源系统按照表 6-4 的内容进行验收。

表 6-4　　电源系统验收表

序号	项目	内　容	要　求
1	设备开箱检验	检查配电设备、整流设备、蓄电池及电源监控设备的开箱情况	根据设备采购合同和设备装箱（验货）清单对到站设备进行开箱检验，设备齐全完好
2	机架安装	机架、布线	机架安装位置应满足设计要求
			线缆进入机架后，应可靠固定
			线缆应留有一定的余量
			机架内各种缆线应使用活扣扎带统一编扎，活扣扎带间距为 10～20cm，编扎后的缆线应顺直，松紧适度，无明显扭绞
			标识应整齐、清晰、准确
3	配电设备性能功能检测	交流自动切换、遥信功能	具有二路交流输入自动切换功能
			交、直流配电出现输出电压过高、过低、熔断器熔断时，应送出遥信信号
			监控及表计显示单元的供电应取自直流系统
			电缆穿墙、电缆竖井及电缆沟道盖板应符合设计要求
4	高频开关整流设备	配置、功能	整流模块按 $N+1$ 原则配置
			每台设备由独立的分路开关或熔断器供电
			在设计要求的交流电压波动范围内能够稳定运行
			浮充电压和均充电压的设定值应与所用蓄电池的相应参数相匹配
			检查电源监控模块各项功能
5	蓄电池	安装质量、充放电试验	阀控式全密封铅酸蓄电池安装后应进行充放电试验，并复查蓄电池电缆连接处紧固情况
6	通信电源监控系统	遥信、遥测功能	遥信、遥测信号能够准确、可靠地传送到监控中心
			检查交流配电监控功能
			检查直流配电监控功能
			检查高频开关整流设备监控功能

（4）图像监控系统验收。图像监控系统按照表 6-5 的内容进行验收。

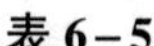

表 6－5　　　　　　　　　　　　图像监控系统验收表

序号	项目	内　　容	要　　求
1	设备开箱检验	检查主设备、摄像机、线缆的开箱情况	根据设备采购合同和设备装箱（验货）清单对到站设备进行开箱检验，设备齐全完好
2	机架、摄像机安装质量	机架、布线	机架安装位置应满足设计要求
			线缆进入机架后，应可靠固定
			线缆应留有一定的余量
			机架内各种缆线应使用活扣扎带统一编扎，活扣扎带间距为 10～20cm，编扎后的缆线应顺直，松紧适度，无明显扭绞
			标识应整齐、清晰、准确
		摄像机	安装牢固，安全距离符合《安规》表 2－1 要求；支架满足负重要求，具有防腐功能
			电缆布线、穿墙应符合设计要求，电缆的弯曲半径大于其直径的 15 倍，电缆必须穿 PVC 管和线槽
3	系统功能性能	功能	机架各单元工作指示灯正常，机架告警功能正常
			摄像机、云台镜头控制切换正常，预置地点切换正常
			手动/自动聚焦、自动光圈及背光补偿正常
			手动录像、客户端手动录像、视频捕捉功能正常
			录像回放编辑功能和存盘信息备份功能正常
			UPS 交直流切换正常，能正确指示运行状态，告警功能正常
		性能	UPS 交直流切换后，输出电压符合 220V±2%
			系统控制切换响应时间小于 1s
			摄像机水平回转角度 355°，垂直俯仰角度＋10°～－60°
4	防过电压	防过电压措施	整个系统要有可靠的防过电压措施，在信号回路和控制回路安装防过电压器件，满足 DL 548—1994《电力系统通信站防雷运行管理规程》的要求

（5）接地防雷及环境验收。接地防雷及环境按照表 6－6 的内容进行验收。

表 6－6　　　　　　　　　　　　接地防雷及环境验收表

序号	项目	内　　容	要　　求
1	接地防雷	机房接地	通信设备（含电源设备）的防雷和过电压能力应满足 DL 548—1994《电力系统通信站防雷运行管理规程》的要求
			新建通信站应采用联合接地装置，接地装置位置、接地体埋深及尺寸应符合施工图设计规定
			接地体各部件连接符合设计规定，接地引入线与接地体焊接牢固，焊缝处作防腐处理
			用镀锌扁钢作接地引入线时，引入线应涂沥青

续表

序号	项目	内　容	要　求
1	接地防雷	机房接地	接地汇集装置安装位置符合设计规定，安装端正、牢固并有明显标志
			测量接地汇集装置处的接地电阻值，应符合下列要求： 1）调度通信综合楼小于 1Ω，高土壤电阻率情况下小于 5Ω； 2）其他光通信站小于 5Ω，高土壤电阻率情况下小于 10Ω
		设备接地	交、直流配电设备机壳应从接地汇集排（线）上引入保护接地线，交流配电屏的中性线汇集排应与机架绝缘。严禁采用中性线作交流保护地线
			直流电源工作地应从接地汇集线上引入
			机房内接地线可采取辐射式或平面型布置方式，各种通信设备应单独从接地汇集线上就近引接地线
			配线架应单独从接地汇集线上引入接地线
			接地线截面积应根据可能通过的最大电流确定，一般采用 25～95mm² 的多股绝缘铜线，不准使用裸导线布放
			接地电阻小于 1Ω
		通信站防雷	出、入站交流电力线宜选用金属铠装电缆且埋设于地下，低压（380V）电缆地埋长度宜不小于 50m。铠装电缆金属护套两端就近接地，芯线两端加装避雷器件
			通信电缆应宜采取地下出、入站的方式，其金属护套应作保护接地，缆内芯线（含空线对）应在引入设备前分别对地加装保安装置，如采用架空方式应选用金属铠装缆，并采取相应防雷措施
2	环境	机房环境	通信机房应具有防小动物等措施，进出电缆孔封堵良好
			机房室内温度湿度应符合设计要求
			事故照明应符合设计要求
			防火重点部位应有明显标志，按规定配置防火器材，电缆竖井防火措施应符合规定
			无人站配备的空调运行正常

2. 信息工程验收内容

（1）机房环境验收。机房环境按照表 6－7 的内容进行验收。

表 6－7　　机房环境验收表

1	供配电检查	根据不同的机房类型，对网络设备供配电进行检查，网络设备必须使用双路供电、UPS 或其他方式进行可靠供电
2	防雷检查	根据相关信息网络及机房建设规范，机房供电应具备相应的防雷能力
3	防水检查	机房应具备防水措施，机房内不得有用水设备
4	接地检查	根据不同的机房规范，机房内机柜和设备必须使用大楼接地系统或独立接地系统进行可靠的接地。对于机房使用独立接地系统的，接地系统必须符合《国家电网公司信息网络机房设计及建设规范》要求并提供测试报告
5	标识检查	机房内设备、线缆、配套设施、空间环境等标识，必须符合《国家电网公司信息机房标识标准》

（2）设备材料验收。设备材料按照表 6－8 的内容进行验收。

表 6－8 设备材料验收表

1	设备材料清单检查	设备材料清单必须符合物资采购合同设备材料清单和工程施工合同材料清单
2	设备台账属性检查	设备材料台账属性必须根据相关规范，列出设备名称、设备编号、设备型号、设备管理地址、运维等级、物理位置、负责人、上线时间等信息

（3）综合布线验收。综合布线按照表 6－9 的内容进行验收。

表 6－9 综合布线验收表

1	工作区子系统验收	线槽走向、布线美观大方，符合规范
		信息插座按规范进行安装，做到高度一致、安装平整牢固
		信息面板是否固定牢固可靠，编号标识规范、清晰、准确
2	水平干线子系统验收	桥架安装规范，桥架之间、桥架与盖板之间接合良好
		托架、吊杆安装牢固
		水平干线与垂直干线交接处结合良好不出现裸线
		桥架内线缆进行捆扎固定
3	垂直干线子系统验收	桥架安装规范，桥架之间、桥架与盖板之间接合良好
		托架、吊杆安装牢固
		桥架内线缆进行捆扎固定
		楼层之间洞口进行封闭
4	配线间、机房子系统验收	桥架走向、布线美观大方，符合规范
		信息插座按规范进行安装，做到高度一致、安装平整牢固
		信息面板固定牢固可靠，编号标识规范、清晰、准确
		配线架、光配等安装牢固可靠，外观整洁大方
5	系统测试验收	对五类线、超五类线、六类线使用符合国家标准的线缆认证测试仪进行线缆抽查测试，测试结果必须全部合格，并保存测试记录
		对多模光纤和单模光纤使用符合国家标准的光纤测试仪进行光纤抽查测试，测试结果必须合格，衰减和反射必须符合标准，并保存测试记录

（4）系统设备上线验收。系统设备上线按照表 6－10 的内容进行验收。

表 6－10 系统设备上线验收表

1	网络设备验收	网络设备安装位置合理、牢固可靠、可靠接地，网络跳线走向合理、整齐美观，设备及线缆标志完整齐全
		配合相应的产品说明书，检查设备外观是否完好，系统状态指示灯、端口状态指示灯工作是否正常，设备冷启动、热启动是否正常引导

续表

1	网络设备验收	根据设备清单，Cisco 设备使用 show version 命令，foundry 设备使用 show version，juniper 设备使用 show version 和 show chassis hardware 命令，H3C 设备使用 display version、display device detail 命令，查看设备型号、设备序列号、软件版本等信息
		根据设备清单，Cisco、Juniper、Foundry 设备使用 show interface 命令，H3C 设备使用 display interface 命令，查看设备端口信息
2	网络设备基本配置验收	Cisco、Foundry 设备使用 show running－config 命令，juniper 设备使用 show configuration 命令，H3C 设备使用 display current－configuration 命令，查看设备名称、管理 IP 地址、NTP 时钟同步、Syslog 日志等基本配置完整性
3	网络设备安全配置验收	Cisco、Foundry 设备使用 show running－config 命令，juniper 设备使用 show configuration 命令，H3C 设备使用 display current－configuration 命令，检查设备对不安全和不必要服务的关闭情况，HTTP Server、TCP－Small－Service、UDP－Small－Service、Finger、DHCP－relay、BOOTP 等服务如无特殊原因必须关闭，路由器应关闭 IP 源路由
		Cisco、Foundry 设备使用 show running－config 命令，juniper 设备使用 show configuration 命令，H3C 设备使用 display current－configuration 命令，检查设备安全登录方式，应使用 SSH 进行远程登录管理，使用 ACL 对可登录地址进行限制，如因设备不支持 SSH 或者其他原因必须使用 Telnet 进行远程登录管理，则必须使用 ACL 对可登录地址进行严格限制
		检查 SNMP 配置情况，必须使用 ACL 对 SNMP 可管理地址进行限制，必须关闭 SNMP 远程写权限，只开放只读权限，SNMP 字符串必须使用 8 位以上数字加字母的方式；如网管系统和网络设备支持 SNMP V3 版本，则应使用 SNMP V3 版本进行远程管理
		检查用户名密码配置情况，无不必要的用户名，管理用户密码必须使用 8 位以上数字加字母加特殊字符的方式
		对 OSPF 等路由配置，必须使用 MD5 等认证方式对路由信息进行认证
4	网络连通性验收	检查网络路由走向是否符合原设计要求，使用 PING 命令进行基本连通性测试，测试使用 32、64、1500 字节三种尺寸的数据包，每种数据包测试数量不少于 180 个；检查省公司网站、PSMS、OA 等主要业务系统是否可以正常运行
5	系统正常运行验收	能正常登录应用系统，系统各模块运行正常

3. 资料核对

工程实施完成后，工程负责人应及时对施工工程中变动的系统、设备等运行资料进行更新，确保运维资料与现场一致。

第二节　运　维　安　全

信息通信运维安全主要包括运行安全和检修安全两个方面。其中，运行安全主要包括信息通信系统接入管理、权限管理、设备管理、缺陷管理以及日常监测、巡视巡检过程中关于安全的注意事项；检修安全包括信息通信系统检修执行过程中的安全注意事项。

一、运行安全

信息通信系统运行工作是指信息通信系统调度运行体系中的运行部分，主要通过运行监测、巡视巡检（简称“巡检”）、接入管理、权限管理、设备管理、缺陷管理等工作，实现对信息通信系统及其运行环境的管控，保障信息通信系统安全稳定运行。

（一）机房管理

严格执行信息通信机房管理有关规范，确保机房运行环境符合要求。室内机房物理环境安全需满足对应信息系统等级的等级保护物理安全要求，室外设备物理安全需满足国家对于防盗、电气、环境、噪声、电磁、机械结构、铭牌、防腐蚀、防火、防雷、电源等要求，四级及以上系统应对关键区域实施电磁屏蔽措施。外来人员进入机房等重要区域，应办理审批登记手续并由相关管理人员全程陪同，相关操作必须有审计及监控。

（二）巡视工作

运行人员应通过巡视和其他手段每日监测信息通信系统及运行环境的运行状态，内容包括但不限于机房基础设施、网络、主机、数据库、中间件、业务应用、安全设备等，同时做好记录。发现运行异常，应立即报告信息系统运行机构负责人和信息系统调度机构，记录现场各项异常参数，协助做好相关现场处理工作。

（三）巡检工作

巡检分为定期巡检、特殊巡检和监察巡检。定期巡检是指按既定周期，以及时发现信息通信系统安全运行隐患和缺陷为目的的巡检。特殊巡检是指在有外力破坏可能或恶劣气象条件（如雷电、暴雨、高温等）、特殊历史时期、节假日、国家重要会议期间、设备带缺陷运行或其他特殊情况下对设备进行的巡检。监察巡检是指由管理人员组织，以了解系统及设备运行状况、检查指导工作为目的的巡检。

信息通信系统运行机构应按照信息化职能管理部门要求，结合信息通信系统运行状况和本地重大活动、气候环境变化等情况，制定切实可行的巡检制度，编制计划并合理安排巡检工作。

（四）接入管理

接入管理包括新建信息通信系统的上线，在运系统的扩建、改建后重新投入运行，新设备的投运，在运设备的升级改造后重新投运等。

信息通信系统及设备接入须在完成必要的安全测试后，经信息通信运行机构确认系统及设备达到运行条件后，报信息化职能管理部门审批，审批通过后方可执行。新系统及设备接入，须同步纳入网管系统监管，并作为接入必备条件，改造类系统及设备接入，须同步进行监管接口调整，经测试验证后方可接入。

（五）运行方式

信息通信系统运行机构负责组织信息通信系统检修机构编制管理范围内的运行方式，执行经批准的运行方式，并报信息通信系统调度机构备案。信息通信系统运行机构应严格按照既定运行方式执行，特殊情况下，应依据调度管理要求征得调度机构同意后方可开展运行方式调整工作。

（六）账号权限管理

账号权限分为业务应用账号权限和系统管理账号权限。业务应用账号权限的建立、分配、调整和注销由信息系统业务主管部门负责审批，信息系统运行机构具体执行；系统管理账号权限由信息系统运行机构负责管理和具体分配、调整工作，主要包括信息系统主机、操作系统、数据库、中间件以及网络、存储和安全设备管理账号权限等。

信息通信系统运行机构规范账号口令管理，口令必须具有一定强度、长度和复杂度，长度不得小于 8 位字符串，要求是字母和数字或特殊字符的混合，用户名和口令禁止相同；同时应建立账号休眠、激活和注销制度，定期对临时、长期不使用的账号进行清理，应定期（半年）对信息系统用户权限进行审核、清理，删除废旧账号、无用账号，及时调整可能导致安全问题的权限分配数据，业务应用账号清理需经业务主管部门同意后方可执行。

（七）设备管理

设备管理主要通过对信息通信系统和软硬件设备的各类台账信息、配置信息及相互关系进行动态管理，建立常态化信息通信设备全生命周期管理机制。信息通信系统运行机构应充分利用网管系统开展设备管理工作，确保管理范围内所有设备台账、系统架构图、网络拓扑图等信息纳入系统管理，并建立设备与业务应用缺陷记录、检修记录的关联。

信息通信运行机构要巩固信息安全备案准入成果，加强对采集类业务终端的安全备案，严格各类信息资产安全备案作为入网的必要条件。加强安全备案数据质量的治理工作，确保填报信息完整、准确及更新及时，对于未备案的业务系统、网络专线，一经发现立即关停，按照公司有关要求进行追责及处置。

（八）缺陷管理

信息通信系统缺陷按照严重程度分为紧急、重要和一般三个级别。紧急缺陷指随时可能造成信息系统故障并致使系统停运的隐患；重要缺陷指对信息系统运行安全有严重威胁，但信息系统尚能坚持运行的隐患；一般缺陷指上述紧急、重要缺陷以外的，性质一般、情况较轻，对安全运行影响不大的隐患。

应尽可能通过运行人员的巡视巡检和检修人员的系统检测发现缺陷，信息通信系统运行机构分类定级审核后，向调度机构报备，并组织信息通信系统检修机构开展消缺工作。信息通信系统运行机构要根据缺陷情况合理制定消缺计划，确保在消缺周期内完成消缺工作，避免由缺陷演变为信息通信系统故障；信息通信系统运行机构要做好消缺工作的运行安全措施，及时督办，消缺完成后做好相关记录，并向调度机构报备。

（九）数据安全管理

严格落实公司电子数据恢复、擦除与销毁管理技术要求，加强处理过程中的存储介质管理、全程现场监控以及安全保密等工作。明确备份及恢复策略，严格控制数据备份和恢复过程。重要系统和数据备份需纳入公司统一的灾备系统。

重要和敏感信息，如商密定级文件、公司 OA 公文、电子文件等，实行加密传输、授权控制、操作审计及监控；对重要信息实行自动、定期备份；按需进行恢复测试，确保备份数据的可用性。

二、检修安全

信息通信系统检修工作是指信息通信系统调度运行体系中的检修部分，主要通过检修计划管理、检修执行管理、信息系统检测、检修分析等工作，提高信息通信系统检修质量和健康水平，确保信息通信系统安全稳定运行。

（一）检修工作安全原则

计划检修和临时检修的计划编制应综合年度、月度信息化建设项目和各业务部门的工作安排，原则上应避开业务高峰期，如有特殊需要，应经业务部门审核、信息化职能管理部门批准后方可执行，其中一级检修计划须报国网公司批准，二级检修须报省公司批准。特殊保障时期，原则上不安排计划检修工作，如有需求，需提前上报申请材料，经省公司审批通过后方可执行。

（二）检修计划

地市信通应按月编制月度检修计划，经本单位信息化职能管理部门审核后，由本单位信息系统调度机构于每月将次月月度检修计划报送省公司。信息通信系统调度机构应提前发布检修计划公告，并通知信息系统通信客户服务机构，信息通信系统客户服务机构应提前通知受检修工作影响的系统用户。

（三）检修执行

检修工作应提前落实组织措施、技术措施、安全措施和实施方案，提前做好对关键用户、重要系统的影响范围和影响程度的评估，开展故障预想和风险分析，制定相应的应急预案及回退、恢复机制。

检修工作实施前，公司各级单位信息系统检修机构应做好充分准备，落实人员、工具、器材、备品备件；正式开工前，应检查检修工作准备是否完整，确保现场人员清楚工作内容、范围和安全措施等。若检修工作由外部单位承担，应签订安全承诺书和保密协议。

检修操作开始前，运行人员需检查两票是否已通过调度机构审核，检查“两票”是否填写完整，检查两票是否与检修计划一致，检查工作内容是否符合工作票规定，检查是否符合信息安全管理规定。检修工作操作过程要按照工作票和操作票的工作内容严格执行，不得擅自扩大工作票工作内容和范围，运行机构应指派专人全程监护检修操作，保证检修工作安全执行。检修操作结束后，运行人员会同检修人员现场验收合格后，办理工作完结手续，并向信息系统调度机构报告。

各单位不得无故取消或变更已批准的检修计划。如确需取消或变更，应及时向本单位信息通信系统调度机构报告；如需延长检修时间，应及时向本单位信息通信系统调度机构申请延期，经批准后方可超计划时间进行检修；若为一级检修计划，则应由本单位信息系统调度机构及时向国网信息通信部报告或申请延期。

（四）紧急抢修

信息通信系统出现停运故障时，应立即开展紧急抢修，同时向调度机构及相关业务部门报告故障情况。紧急抢修工作要及时启动相应的应急预案，以快速恢复业务为首要任务，尽快消除故障，必要时可先进行抢修，完成后再补办工作票和操作票。

（五）加强远程运维管理

不得通过互联网或信息外网远程运维方式进行设备和系统的维护及技术支持工作。内网远程运维要履行审批程序，并对各项操作进行监控、记录和审计。有外单位参与的运维操作需安排在测试仿真环境，禁止在生产环境进行。

第三节　设　备　安　全

地县供电企业信息通信设备安全分为信息设备安全和通信设备安全两方面。其中，信息设备分为硬件、软件台账两大类，硬件设备按照用途不同划分为主机类设备、网络类设备、生产类设备、桌面类设备四类，软件设备分为应用系统和基础软件两类。通信设备主要包括通信线路设备、通信支撑设备、通信网设备和通信电源设备共四类。

一、信息设备安全

地市信通在地县集中部署绿盟 RSAS 漏洞扫描装置并配置定期扫描策略，对地县供电企业范围内的信息设备进行全面的弱口令和漏洞扫描，及时排除系统高、中风险漏洞，加强设备信息安全管理。针对信息设备的不同类型，制定相关安全管理要求。

1. 主机类设备安全管理

主机类设备包括 PC 服务器、小型机、刀片服务器、磁盘阵列、备份磁带库等。主机类设备安全管理措施要求如下：

（1）对操作系统和数据库系统用户进行身份标识和鉴别，具有登录失败处理，限制非法登录次数，设置连接超时功能。

（2）操作系统和数据库系统特权用户应进行访问权限分离，对访问权限一致的用户进行分组，访问控制粒度应达到主体为用户级，客体为文件、数据库表级。禁止匿名用户访问，修改账号存在的弱口令和默认口令，采用由大小写字母、数字和特殊符号组成的八位以上高强度口令。

（3）定期进行补丁的兼容性和安全性测试，确保操作系统、中间件、数据库等基础平台软件补丁升级安全。

（4）加强主机服务器病毒防护，安装防病毒软件，及时更新病毒库，设置定期病毒扫描策略。

（5）关键的主机设备采用双设备、双链路、双电源配置，提高设备安全性。加强主机设备运行状态实时监测工作，提高设备运行状态自动监控水平。重要设备实行 7×24 小时实时监测，做好监测记录，发现异常、告警等情况应及时处理。

（6）应结合检修计划及应急演练，对具备条件的主机类设备定期进行切换测试及相关试验。

2. 网络类设备安全管理

网络类设备包括交换机、路由器、负载均衡器、入侵检测装置、漏洞扫描设备等。网络类设备安全管理措施要求如下：

（1）对网络管理用户进行身份标识和鉴别，具有登录失败处理，限制非法登录次数，设置连接超时功能。

（2）加强用户认证管理，对网络设备的管理权限进行划分和限制，禁用不需要的用户，禁止匿名用户访问，修改账号存在的弱口令和默认口令，采用由大小写字母、数字和特殊符号组成的八位以上高强度口令。

（3）对可管理配置网络设备的网段通过访问控制列表进行限制，使用 SSH 等安全方式登录，禁用 TELNET，禁用 HTTP Server，或者对 HTTP Server 进行访问控制，禁用与承载业务无关的服务，对SNMP 等服务进行ACL 控制，屏蔽139、445等病毒常用的网络端口，禁止IP 源路由功能。

（4）定期分析入侵检测、防火墙等网络安全设备的审计日志，定期备份网络设备的配置信息和日志文件。

（5）关键的网络设备采用双设备、双链路、双电源配置，提高设备安全性。加强网络设备运行状态实时监测工作，提高设备运行状态自动监控水平。重要设备实行7×24小时实时监测，做好监测记录，发现异常、告警等情况应及时处理。

（6）应结合检修计划及应急演练，对具备条件的网络类设备定期进行切换测试及相关试验。

3. 生产类设备安全管理

生产类信息设备是指应用于生产的各类信息设备，以采集器或者工控设备为主，包括机房辅助设备、电能质量检测装置、智能摄像头等设备。生产信息设备的安全管理措施如下：

（1）生产类信息设备的型号、系统品种较多，应根据设备的具体型号进行安全加固。

（2）生产信息设备中，类型接近主机设备的可参照主机设备的安全要求进行管理，接近网络设备的可参照网络设备的安全要求进行管理。

（3）针对部分嵌入式设备硬件固定、配置无法更改的情况，在主机防火墙和设备上联交换机的访问控制列表中增加限制访问等措施，提高入网生产信息设备的网络信息安全。

（4）生产信息设备入网时，应严格执行安全检测、漏洞扫描和系统备案，填写《生产信息设备入网申请表》并经申请部门和地市信通双重审批后方可入网，如图6-1所示。

（5）地市信通对入网生产信息设备进行定期漏洞扫描，监控其在信息网上的运行安全情况。将发现的漏洞隐患，形成整改通知单并报送业务部门，由业务部门通知运维厂家进行整改。信息部门全过程跟踪把控，同时提供技术支持，对整改完成的设备或系统进行漏洞复查，直至全部完成。漏洞整改通知单模板如图6-2所示。

4. 桌面类设备安全管理

桌面类设备主要包括PC电脑、笔记本电脑、云终端、平板电脑和图形工作站等个人工作使用的设备。桌面类设备安全管理措施如下：

（1）办公计算机严格执行“涉密不上网、上网不涉密”纪律，严禁将涉及国家秘密的计算机、存储设备与信息内外网和其他公共信息网络连接，严禁在信息内网计算机存储、处理国家秘密信息，严禁在连接互联网的计算机上处理、存储涉及国家秘密

国网湖州供电公司生产信息设备入网申请单

单位/部门：__________ ____年__月__日

<table>
<tr><td>设备名称</td><td colspan="2"></td><td>安装地点</td><td colspan="3"></td></tr>
<tr><td rowspan="2">类型</td><td colspan="2" rowspan="2">新增□更换□迁移□</td><td>MAC 地址</td><td colspan="3"></td></tr>
<tr><td>IP 地址</td><td colspan="3"></td></tr>
<tr><td>具体配置</td><td colspan="4"></td><td>入网类型</td><td>内□外□</td></tr>
<tr><td>用途</td><td></td><td>所属系统</td><td colspan="2"></td><td>投运时间</td><td></td></tr>
<tr><td>设备主人</td><td colspan="6">保证遵守国网公司信息安全管理办法。
签名：_________日期：_________电话：_________</td></tr>
<tr><td rowspan="2">申请部门</td><td colspan="6">□安全检测：已进行安全检测，确认无安全问题。
□漏洞扫描：已进行漏洞扫描，确认无中高风险漏洞。
□系统备案：已到信息部门进行系统备案。
□其他说明：因紧急上线，尚未做安全监测。
项目负责人确认签名： 电话：</td></tr>
<tr><td colspan="6">部门负责人： 盖章：</td></tr>
<tr><td rowspan="3">信通公司</td><td colspan="6">安全检测结果： 检查人： 日期：
漏洞扫描结果： 检查人： 日期：
系统备案结果： 检查人： 日期：
□其他说明：临时绑定，十个工作日后，需再次检测。
IP 绑定人员： 操作时间：</td></tr>
<tr><td colspan="6">如属于临时绑定，十个工作日后，再次检测结果：
复查人： 日期：</td></tr>
<tr><td colspan="6">结论：
负责人： 日期：</td></tr>
</table>

图 6－1 生产信息设备入网申请表

国网湖州供电公司信息系统安全漏洞整改通知单

编号：2016-001 号

整改单位：运维检修部 2016 年 11 月 16 日

<table>
<tr><td rowspan="2">检查工作基本情况</td><td>检查时间</td><td>2016-11-07</td><td>检查人员</td><td>黄立</td></tr>
<tr><td>检查内容</td><td>CAC 在线监测设备漏洞</td><td>检查方式</td><td>漏洞及弱口令扫描</td></tr>
<tr><td>检查发现漏洞情况</td><td colspan="4">CAC 设备共 106 台（含安吉公司 10 个，德清公司 9 个，长兴公司 8 个），存在 MYSQL、Apache Tomcat、SSH 等程序高风险漏洞 36 个，中风险漏洞 265 个，SSH、MYSQL 等软件存在弱口令 22 个，具体情况如下：
CAC变电在线监测.zip</td></tr>
<tr><td>整改建议</td><td colspan="4">联系运维厂家（创维）对弱口令和漏洞进行整改：弱口令在 11 月 20 日前完成整改；漏洞在 12 月月 15 日前完成整改。
信息部门（公章）</td></tr>
<tr><td>整改情况</td><td colspan="4">业务部门专职： 业务部门负责人：
（公章）
年 月 日</td></tr>
<tr><td>复查情况</td><td colspan="4">复查人员：
年 月 日</td></tr>
</table>

注：①本单一式两份，一份交整改单位，一份信息管理部门备案。

②本单空间不足时，可另附文档说明

图 6－2 漏洞整改通知单模板

和企业秘密信息；严禁信息内网和信息外网计算机交叉使用；严禁普通移动存储介质和扫描仪、打印机等计算机外设在信息内网和信息外网上交叉使用。涉密计算机按照公司办公计算机保密管理规定进行管理。

（2）信息内外网办公计算机应分别部署于信息内外网桌面终端安全域，桌面终端安全域应采取 IP/MAC 绑定、安全准入管理、访问控制、入侵检测、病毒防护、恶意代码过滤、补丁管理、事件审计、桌面资产管理等措施进行安全防护。设备入网前，应先填写设备入网申请单，经所在部门和信息通信公司批准后方可入网。入网申请单模板如图 6–3 所示。

国网湖州供电公司内部信息设备入（内）网申请单

单位/部门：__________　　　　　　　　　　　　____年__月__日

设备名称		资产编号			
		序列号			
类型	新增□更换□迁移□	MAC 地址			
		IP 地址			
具体配置	操作系统：　　　CPU： 硬盘：　　内存：　　显示器：				
用途	·	设备地点		投运时间	
设备主人	我保证遵守《浙江省电力公司信息系统用户行为规范》。 签名：______日期：______电话：______				
本部门意见	我已确认过：该计算机安装了局统一防病毒软件，病毒代码更新到最新；补丁已打全，符合入网条件。 （非计算机入网设备可按实际情况列明安全措施） 部门信息管理员签名______　电话：______				
	部门负责人：　　　　盖章：				
信通公司					
备注					

图 6–3　设备入网申请单

（3）信息内外网办公计算机终端须安装桌面终端管理系统、保密检测系统、防病毒等客户端软件，严格按照公司要求设置基线策略，并及时进行病毒库升级以及补丁更新。严禁未通过本单位信息通信管理部门审核以及中国电科院的信息安全测评认定工作，相关部门和个人在信息内外网擅自安装具有拒绝服务、网络扫描、远程控制和信息搜集等功能的软件（恶意软件），防范引发的安全风险；如确需安装，应履行相关程序。

（4）对于不具备信息内网专线接入条件，通过公司统一安全防护措施接入信息内网的信息采集类、移动作业类终端，需严格执行公司办公终端“严禁内外网机混用”

的原则。同时接入信息内网终端在遵循公司现有终端安全防护要求的基础上，要安装终端安全专控软件进行安全加固，并通过安全加密卡进行认证，确保其不能连接信息外网和互联网。

5. 软件安全管理

软件主要包括营销、运检、人资、物资等各类业务应用和网管、机房监控等支撑保障类系统。软件安全管理措施如下：

（1）强化用户登录身份认证功能，采用用户名及口令进行认证时，应当对口令长度、复杂度、生存周期进行强制要求，系统应提供用户身份标识唯一和鉴别信息复杂度检查功能，禁止口令在系统中以明文形式存储；系统应当提供制定用户登录错误锁定、会话超时退出等安全策略的功能。

（2）规范应用系统权限的设计与使用，实现用户、组织、角色、权限信息统一集中管理，权限分配应按照最小权限原则，审核角色、系统管理角色、业务操作角色、账号创建角色与权限分配角色等应按照互斥原则设置权限。

（3）根据信息系统安全级别强化应用自身安全设计，应包括身份认证、授权、输入输出验证、配置管理、会话管理、加密技术、参数操作、异常管理、日志及审计等方面内容。

（4）控制单个用户的多重并发会话和最大并发连接数，限制单个用户对系统资源、磁盘空间的最大或最小使用限度，当系统服务水平降低到预先规定的最小值时，应能检测并报警。

（5）加强邮件敏感内容检查、邮件病毒查杀、外网邮件行为监测，社会邮箱收发件统计等安全措施，防范邮件系统攻击及邮件泄密。

（6）具有控制功能的系统或模块，控制类信息必须通过生产控制大区网络或专线传输，严格遵守电力二次系统安全防护方案，实现系统主站与终端间基于国家认可密码算法的加密通信，基于数字证书体系的身份认证，对主站的控制命令和参数设置指令须采取强身份认证及数据完整性验证等安全防护措施。

（7）对与互联网有广泛交互的应用系统或模块，以及部署在信息外网的系统与网站，要加强权限管理，做好主机、应用的安全加固，加强账号、密码、重要数据等加密存储，对需要穿透访问信息内网的数据或服务，严格限制访问数据的格式，过滤必要的特殊字符组合以防止注入攻击。建立常态外网安全巡检、加固、检修以及应急演练等工作机制，做好日常网站备份工作。

（8）具有采集功能的系统或模块，根据采集信息的保密性，在采用公司专线（光纤、载波等）接入内网进行信息采集时，应采用身份认证和访问控制措施。不具备专线条件时，应在虚拟专网基础上采用终端身份认证、访问控制措施，建立加密传输通道进行信息采集，要加强对采集终端存储和处理敏感业务数据的安全防护，以保证业务数据的保密性和完整性。

二、通信设备安全

通信设备是指为公司电力生产、经营管理服务的各类通信设备，包括传输系统（光传输设备、光纤、微波、电力线载波等）、支撑系统（信令网、同步网、网管等）和业务系统（数据通信网络设备、交换系统、电视电话会议系统、应急通信系统等）的各类设备及辅助设施设备。

1. 通信线路安全管理

（1）通信光缆/载波通信通道应具有防强电干扰的能力，应对通信光缆采取防雷、防化的安全措施。

（2）光缆入站引下线接地应符合电力系统通信光缆安装工艺规范要求。

（3）在通信设计时应为高压载波通信通道上承载的重要生产业务建立备用通道；应充分考虑中低压配电网线路结构复杂、线路阻抗变化大、信号衰减大、噪声源多且干扰信号强等不利因素。

（4）每年定期对微波通道、微波塔及所架设的设备进行检查维护。

（5）卫星通信只能作为通信网的辅助和补充手段，不能承载保护、安控等实时或控制类业务。

2. 通信支撑设备安全管理

（1）重要通信设备应满足硬件冗余需求，如主控板卡、时钟板卡、电源板卡、交叉板卡、支路板卡等，至少满足 1+1 冗余需求，一些重要板卡需满足 $1+N$ 冗余需求。

（2）电力系统重要业务应配置两套独立的通信设备，具备两条独立的路由，并分别由两套独立的电源供电，两套通信设备和两套电源在物理上应完全隔离。

（3）通信 SDH 设备、MSTP 设备、WDM 设备、OTN 设备、高压载波通信设备、微波接力设备、路由器、三层交换机、EPON 设备、电力调度交换机等的相关参数及性能应满足国家或行业标准的要求。

3. 通信网结构安全管理

（1）传送网中重要业务包括 220kV 及以上保护、安控、自动化等调度生产业务的传输应同时具备两条不同物理路由通道。

（2）通信网络拓扑设计应当合理，例如 SDH/MSTP、OTN 网络拓扑以环网为主。

（3）应采用冗余技术设计网络拓扑结构，避免关键节点存在单点故障。

（4）应提供主要网络设备、通信线路和数据处理系统的硬件冗余，保证系统的高可用性。

（5）传送网的网络保护倒换时间应小于 50ms（大于 1200km 的环网根据实际传输距离情况考虑）。

（6）EPON 网络的主干光纤保护、全保护、手拉手的倒换时间应小于 100ms。

4. 通信电源安全管理

（1）通信电源应满足电力系统重要业务“双电源”冗余要求。

（2）通信机房的接地方式应按联合接地的原理设计，即通信设备的工作地、保护地、建筑物防雷接地共同合用一组接地体的联合接地方式。

（3）直流电源工作接地应采用单点接地方式，并就近从接地汇集线上引入；交、直流配电设备的机壳应单独从接地汇集线上引入保护接地，交流配电屏的中性线汇集排应与机架绝缘；严禁采用中性线作交流保护地线。

（4）交流配电设备应为两路独立交流输入互为备用，并具备自动和人工倒换功能。

（5）定期对通信电源系统交直流设备进行巡检和维护，保证交流配电设备、整流设备、直流配电设备的运行可靠性和稳定性。

第七章 应 急 管 理

信息通信应急处置保障实施原则是“统一领导、分级负责，迅速响应、措施果断，预防为主、常备不懈，考虑全局、突出重点，快速响应、协同应对，以人为本、减少危害。”

为提高信息通信系统故障处置和应对突发事件的能力，正确、有效、快速处置各类突发事件，最大限度地预防和减少因信息通信突发事件造成的损失和影响，保证公司生产经营正常开展，维护信息通信系统和设备安全稳定运行，地县供电企业需编制和发布信息通信应急管理流程，成立地县一体化信息通信应急指挥机构，全面负责各层面信息通信系统的应急处置工作，以确保信息通信系统的安全稳定运行。

第一节 应 急 等 级

根据通信与信息系统突发事件对服务的社会和公司生产、经营、管理的影响范围、严重程度、可能产生的后果和损失等因素，将网络与信息系统突发事件分为：特别重大、重大、较大、一般四级。

一、特别重大事件

出现下列情况之一，为公司特别重大突发事件：

（1）造成公司重要信息网络和重要信息系统大面积中断和停运；影响波及一个或多个省市的大部分地区，对电力行业造成巨大经济损失，或极大威胁国家安全，引起社会动荡，或严重损害公众利益。

（2）《国家电网公司安全事故调查规程》 确定为五级信息系统事件或五级通信设备事件的事件，包括因信息系统原因（指信息系统安全漏洞）导致涉及国家秘密信息外泄；二类信息系统 144h 以上的数据丢失；地市供电公司级单位本地信息网络完全瘫痪或与全部下属单位间的网络不可用，且影响时间超过 24h，县供电公司级单位本地信息网络不可用，且持续时间 72h 以上；二类信息系统业务中断，且持续时间 24h 以上或二类信息系统纵向贯通全部中断，且持续时间 36h 以上，三类信息系统业务中断且持续时间 72h 以上；省电力调度控制中心与直接调度范围内 10%以上厂站的调度电话、调度数据网业务及实时专线通信业务全部中断；省电力调度控制中心与直接调度范围内 30%以上厂站的调度数据网业务全部中断；省电力调度控制中心与直接调度范围内 30%以上厂站的调度电话业务全部中断，且持续时间 4h 以上；C 类机房中的自动化、信息或通信设备被迫停运或设备失电，且持续时间 72h 以上。

（3）重要网络与信息系统发生全省性大规模瘫痪，事态发展超出地方政府和省级主管部门的控制能力，对国家安全、社会秩序、经济建设和公共利益造成特别严重损害的突发公共事件。

（4）公司应急领导小组视网络与信息系统事件危害程度，恢复能力等综合因素，研究确定为网络与信息系统特别重大事件。

二、重大事件

出现下列情况之一，为公司重大突发事件：

（1）造成本单位（系统）关键信息网络和核心信息系统长时间中断和停运，或造成其他单位的重要信息网络中断和重要信息系统停运，或使电力生产面临严重的中断威胁。影响波及一个或多个地市的大部分地区，对相关单位造成重大经济损失，或威胁国家安全，引起社会恐慌，或损害公众利益。

（2）《国家电网公司安全事故调查规程》 确定为六级信息系统事件或六级设备事件的事件，包括因信息系统原因导致公司秘密信息（包括公司商业秘密信息和工作秘密信息）外泄，或信息系统数据遭恶意篡改，对公司生产经营产生较大影响；二类信息系统 72h 以上的数据丢失；地市公司级单位本地网络不可用，且影响时间超过 8h，县供电公司级单位本地信息网络不可用，且持续时间 48h 以上；市供电公司级单位与全部下属单位间的网络不可用，且持续时间 12h 以上；二类业务应用服务中断，影响时间超过 12h，或三类业务应用服务中断，影响时间超过 36h；地市供电公司级单位本部通信站通信业务全部中断；地市电力调度控制中心与直接调度范围内 30%以上厂站的调度电话业务、调度数据网业务及实时专线通信业务全部中断；地市电力调度控制中心与直接调度范围内 50%以上厂站的调度数据网业务全部中断；地市电力调度控制中心与直接调度范围内 50%以上厂站的调度电话业务全部中断，且持续时间 4h 以上；220kV 以上系统中，一条通信光缆或者同一厂站通信设备（设施）故障，导致 8 条以上线路出现一套主保护的通信通道全部不可用，且持续时间 8h 以上；C 机房中的自动化、信息或通信设备被迫停运或设备失电，且持续时间 48h 以上。

（3）重要网络与信息系统造成全省性瘫痪，对国家安全、社会秩序、经济建设和公共利益造成严重损害，需要跨部门、跨地区协同处置的突发公共事件。

（4）公司应急领导小组视网络与信息系统事件危害程度，恢复能力等综合因素，研究确定为网络与信息系统重大突发事件。

三、较大事件

出现下列情况之一，为公司较大突发事件：

（1）造成本单位（系统）重要信息网络中断或重要信息系统停运，或造成其他单位的一般信息网络中断和一般信息系统停运，或使电力生产面临明显的中断威胁。影响波及一个或多个地市的部分地区，对相关单位造成较大经济损失，或可能影响国家安全，扰乱社会秩序，或影响到公众利益。

（2）《国家电网公司安全事故调查规程》确定为七级信息系统事件或七级设备事件的事件，包括利用公司信息系统造成公司敏感信息外泄，或信息系统数据遭恶意篡改；二类信息系统 24h 以上的数据丢失或三类信息系统 72h 以上的数据丢失；地市供电公司级单位本地信息网络不可用，且持续时间 4h 以上，县供电公司级单位本地信息网络不可用，且持续时间 8h 以上；地市供电公司级单位与全部下属单位间的网络不可用，且持续时间 4h 以上；二类信息系统业务中断或纵向贯通全部中断，影响时间超过 6h，三类业务应用服务中断，影响时间超过 18h；县供电公司级单位本部通信站通信业务全部中断，且持续时间 8h 以上；县电力调控分中心调度数据网业务全部中断，且持续时间 8h 以上；220kV（含 330kV）系统中，一个厂站的调度电话业务、调度数据网业务及实时专线通信业务全部中断；220kV 以上系统中，线路一套主保护的通信通道全部不可用，且持续时间 8h 以上；一套安全自动装置的通信通道全部不可用，且持续时间 72h 以上；承载 220kV 以上线路保护、安全自动装置或省级以上电力调度控制中心调度电话业务、调度数据网业务的通信光缆故障，且持续时间 8 h 以上；C 类机房中的自动化、信息或通信设备被迫停运或设备失电，且持续时间 24h 以上。

（3）公司网络与信息系统监控全部中断。

（4）某一区域的重要网络与信息系统瘫痪，对国家安全、社会秩序、经济建设和公共利益造成一定损害，但不需要跨部门、跨地区协同处置的突发公共事件。

（5）公司应急领导小组视网络与信息系统事件危害程度，恢复能力等综合因素，研究确定为网络与信息系统较大事件。

四、一般事件

出现下列情况之一，为公司一般突发事件：

（1）造成本单位（系统）一般信息网络中断或一般信息系统停运；影响波及一个地市的部分地区，对相关单位造成一定的经济损失，或会对个别公民、法人或其他组织的利益造成损害。

（2）《国家电网公司安全事故调查规程》确定为八级信息系统事件或八级设备事件的事件，包括除财务、营销、电力交易、安全生产管理等重要业务应用外的其他业务应用数据完全丢失，导致业务完全中断，无法提供服务；二类信息系统数据丢失，影响公司生产经营，三类信息系统 24h 以上的数据丢失；地市供电公司级单位本地信息网络不可用，且持续时间 1h 以上，县供电公司级单位本地信息网络不可用，且持续时间 4h 以上；地市供电公司级单位与全部下属单位间的网络不可用，且持续时间 2h 以上；二类信息系统业务应用中断，影响时间超过 3h，三类信息系统业务中断，且持续时间 9h；县供电公司级单位本地或广域信息网络完全瘫痪，影响时间超过 2h；二类信息系统纵向贯通全部中断，且持续时间 3h 以上，三类信息系统纵向贯通全部中断，且持续时间 24h 以上；县供电公司级单位本部通信站通信业务全部中断；县电力调控分中心调度数据网业务全部中断；地市级以上电力调度控制中心通信中心站的调度台全停，或调度交换网汇接中心单台调度交换机故障全停，且持续时间 30min 以上；承载 220kV 以上线路保护、安全自动装置或省级以上电力调度控制中心调度电话业务、调度数据网业务的通信光缆纤芯或电缆线路故障，且持续时间 8 h 以上；调度电话业务、调度数据网业务、线路保护的通信通道或安全自动装置的通信通道非计划中断；地市供电公司级以上单位所辖通信站点单台传输设备、数据网设备，因故障全停，且持续时间 8h 以上；地市级以上电力调度控制中心通信中心站的调度交换录音系统故障，造成 7 天以上数据丢失或影响电网事故调查处理；地市供电公司级以上单位行政电话网故障，中断用户数量 30%以上，且持续时间 2h 以上；机房不间断电源系统、直流电源系统故障，造成自动化、信息或通信设备失电，并影响业务办理；机房空气调节系统停运，造成自动化、信息或通信设备被迫停运，并影响业务办理。

（3）公司网络与信息系统监控部分功能不可用时间超过 2h。

（4）重要网络与信息系统受到一定程度的损坏，对公民、法人和其他组织的权益有一定影响，但不危害国家安全、社会秩序、经济建设和公共利益的突发公共事件。

（5）公司应急领导小组视网络与信息系统事件危害程度，恢复能力等综合因素，研究确定为网络与信息系统一般事件。

第二节 应 急 保 障

为正确、有效、快速处置各类突发事件，还需设立应急保障体系，应急保障体系主要包含应急组织机构、应急预案与物资准备。

一、应急组织机构及人员要求

（1）设立通信与信息系统事件应急指挥部及其办公室，当发生通信与信息系统突发事件时，根据本单位突发事件应急预案启动应急指挥部及其办公室。

（2）地市信通和县公司行政正职是本单位应急工作第一责任人，对应急工作负全面的领导责任。其他分管领导协助行政正职开展工作，是分管范围内应急工作的第一责任人，对分管范围内应急工作负领导责任，向行政正职负责。

（3）成立应急领导小组。组长由本单位行政正职担任。应急领导小组成员名单及常用通信联系方式上报省公司应急领导小组备案。

（4）应急领导小组下设安全应急办公室，负责自然灾害、事故灾难类突发事件，以及社会安全类突发事件造成的公司所属设施损坏、人员伤亡事件的有关管理工作。

（5）地市信通和县公司根据突发事件处置需要，成立专项事件处置应急指挥组织，组织、协调、指挥应急处置。专项事件处置应急指挥组织应与上级相关机构保持衔接。

二、应急预案建设

（1）应急预案应满足“横向到边、纵向到底、上下对应、内外衔接”的要求。地市信通和县公司设总体预案并根据工作实际，参照设置相应预案。

（2）应急制度体系是组织应急工作过程和进行应急工作管理的规则与制度的汇总，是公司规章制度的重要组成部分，包括应急技术、管理、工作三大标准，以及其他应急方面规章制度性文件。

（3）地市信通和县公司应组织编制应急体系建设规划，纳入企业发展总体规划一并实施。各单位相关职能部门均应根据自身管理范围，制定应急预案，组织协调，开展应急体系相关内容建设，开展应急演练与培训，确保应急体系运转良好，发挥应急体系作用，应对处置突发事件。

（4）地市信通和县公司应定期组织开展应急演练，每两年至少组织一次综合应急演练，每年至少组织一次专项应急演练，演练可采用桌面（沙盘）推演、验证性演练、实战演练等多种形式。相关单位应组织专家对演练进行评估，分析存在问题，提出改进意见。

（5）地市信通和县公司应加大应急培训和科普宣教力度，针对所属应急救援人员，定期开展不同层面的应急理论和技能培训，结合实际向全体员工宣传应急知识，提高员工应急意识和预防、避险、自救、互救能力。

（6）对在突发事件处置过程中做出突出贡献的单位和人员，公司应给予表彰和奖励。在突发事件处置过程中工作不力，造成恶劣影响或严重后果的单位和个人，公司按照有关规定追究其责任。

三、应急物资

（1）综合保障能力是指在物资、装备等方面，保障信息通信应急工作顺利开展的能力，包括各级应急指挥中心、电网备用调度系统、应急通信系统、特种应急装备、应急物资储备及配送、应急后勤保障、应急资金保障以及应急救援等。

（2）地市信通统一建立应急支撑体系，将应急研究工作纳入公司发展计划予以重点支持，开展应急装备研制开发、应急理论与技术研究，借鉴国内外先进处置经验，组织开展突发事件预测、预防和应急处置等技术的科学研究。

（3）按照预算管理办法规定，公司本部有关职能部门及各单位提出应急工作费用需求和预算外申请，纳入预算范围，保证应急工作和处置需求。

（4）建立健全应急资源调拨和紧急配送机制，确保在信息通信应急响应处置过程中，资源配置合理。

（5）公司保证突发事件情况下交通工具的优先安排、优先调用突发事件情况下公司系统各单位交通运输工具的征用程序，确保抢险救灾物资和应急救援人员能够及时、安全送达。

第三节 应 急 处 置

发生突发事件，地市信息通信和县公司按照响应启动、响应行动、响应结束、信息报告和后期完善的流程处理事件。

一、响应启动

（1）地市信通、县公司或相关职能部门接到各单位电力突发事件信息，或收到上级部门事件通报，根据预警期事态发展趋势，应立即组织分析研判，及时向公司应急领导小组报告，并提出应急响应建议。

（2）公司应急领导小组召开紧急会议，按突发事件分级响应标准决定启动相应级别的应急响应，并研究决定成立应急指挥部及办公室，启动事件处置应急预案。

（3）按照事件严重程度，对较大及以上的突发事件、一般突发事件采取不同的响应措施。

二、响应行动

确定事件严重程度后，地县公司及相关事发单位应采取以下一项或多项措施。

（1）密切关注事件情况以及各单位先期处置效果，责成各职能部门迅速调集应急抢修装备，做好各项应急准备前期工作。

（2）地市信通和县公司协同有关职能管理部门组织、指挥、调度相关应急力量及时调整通信与信息系统运行方式，隔离故障区域，确保事态不再扩大。

（3）根据发生突发事件的严重程度，地市信通和县公司协同有关职能管理部门督促公司各单位主动与公司应急办和相关政府部门联系沟通，通报信息，完成相关工作。

（4）公司各单位初步收集受损情况，及时汇总上报，并组织开展抢修工作。

（5）事发单位第一时间采取有效措施控制系统中断及停运范围，调整运行方式，做好故障处理，防止系统崩溃。

（6）地市信通和县公司组织制定抢修救援方案，调集应急抢修队伍、物资，组织开展设备抢修，必要时应急指挥部办公室负责人和专家组应赶赴现场，指导、协调应急工作。

（7）事发单位组织客服做好用户解释和沟通工作，及时收集有关舆情信息，组织编写新闻报道材料。

三、响应结束

满足下列条件，按照“谁启动、谁结束”的原则，应急响应先由公司宣布应急响应结束，再由公司各单位宣布本单位应急响应结束。

（1）电力行业网络与信息安全上级主管部门或政府相关部门宣布网络与信息系统恢复正常状态。

（2）受损网络信息设备（设施）基本恢复，网络信息设备恢复正常运行。

四、信息报告

地市信息通信和县公司向管理部门汇报有关信息，向应急办公室汇报综合信息。

（一）报告内容

（1）公司所属单位向公司应急办公室和信息化管理部门报告本单位预警发布、信息网络运行、信息系统风险及发展趋势、已采取措施预警结束等情况。

（2）公司所属单位向公司报告本单位启动和结束应急响应情况，并向当地政府及相关信息安全部门报告专业信息。

（3）网络与信息系统突发事件发生后，事发单位向公司报告突发事件发生时间、地点和范围，对网络、信息系统以及社会的影响，已采取的措施等。

（4）事发单位向公司报告网络信息设备（设施）受损、事件处置进展及发展趋势，应急抢修队伍、应急物资、应急装备需求等情况。

（二）报告要求

（1）公司各单位上报的信息，必须做到数据源唯一，数据准确、及时。

（2）响应阶段执行每天两次定时报告制度。

（3）预警阶段执行每天一次定时报告制度。

（4）公司各单位启动预警或事件响应，但公司尚未启动，由相关单位向信息通信公司汇报专业信息。

（三）信息发布

（1）预警期内公司应急办指导有关部门开展突发事件信息发布和舆论引导工作。

（2）应急响应期间公司应急指挥部办公指导有关部门开展突发事件信息发布和舆论引导工作。

（3）发布信息主要包括突发事件的基本情况、采取的应急措施、取得的进展、存在的困难以及下一步工作打算等信息。

（4）信息发布和舆论引导工作要做到及时主动、正确引导、严格把关。

（四）后期完善

1. 善后处置

（1）贯彻“考虑全局、突出重点”原则，对善后处理、恢复重建工作进行规划和部署，制定抢修恢复方案。

（2）督促事件单位认真开展信息通信设备隐患排查和治理工作，避免次生事件的发生。

（3）发生突发事件后，公司各单位应及时吸取事故教训，进一步完善本单位防止事故的预控措施与应急处置预案。

2. 恢复与重建

突发事件应急处置工作结束后，各单位要积极组织受损设施、场所和生产经营秩序的恢复重建工作。对于重点部位和特殊区域，要认真分析研究，提出解决建议和意见，按有关规定报批实施。

3. 事件调查

地市信息通信和县公司对特别重大、重大以及影响范围较大突发事件的起因、性质、影响、经验教训和恢复重建等问题进行调查，提出防范和改进措施，并向公司应急领导小组报告。

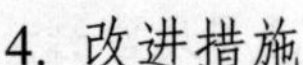

4. 改进措施

发生网络与信息系统突发事件后，及时组织生产经营等部门、单位深入研究事故发生原因、发展过程，吸取事故教训，制定具体措施，进一步完善防止网络与信息系统突发事件的预控措施与应急处置预案。

发生网络与信息系统突发事件后，局属各单位应及时吸取事故教训，信息管理和运维部门进一步完善本单位网路与信息系统突发事件的预控措施与应急处置预案，应急处置流程见图 7－1。

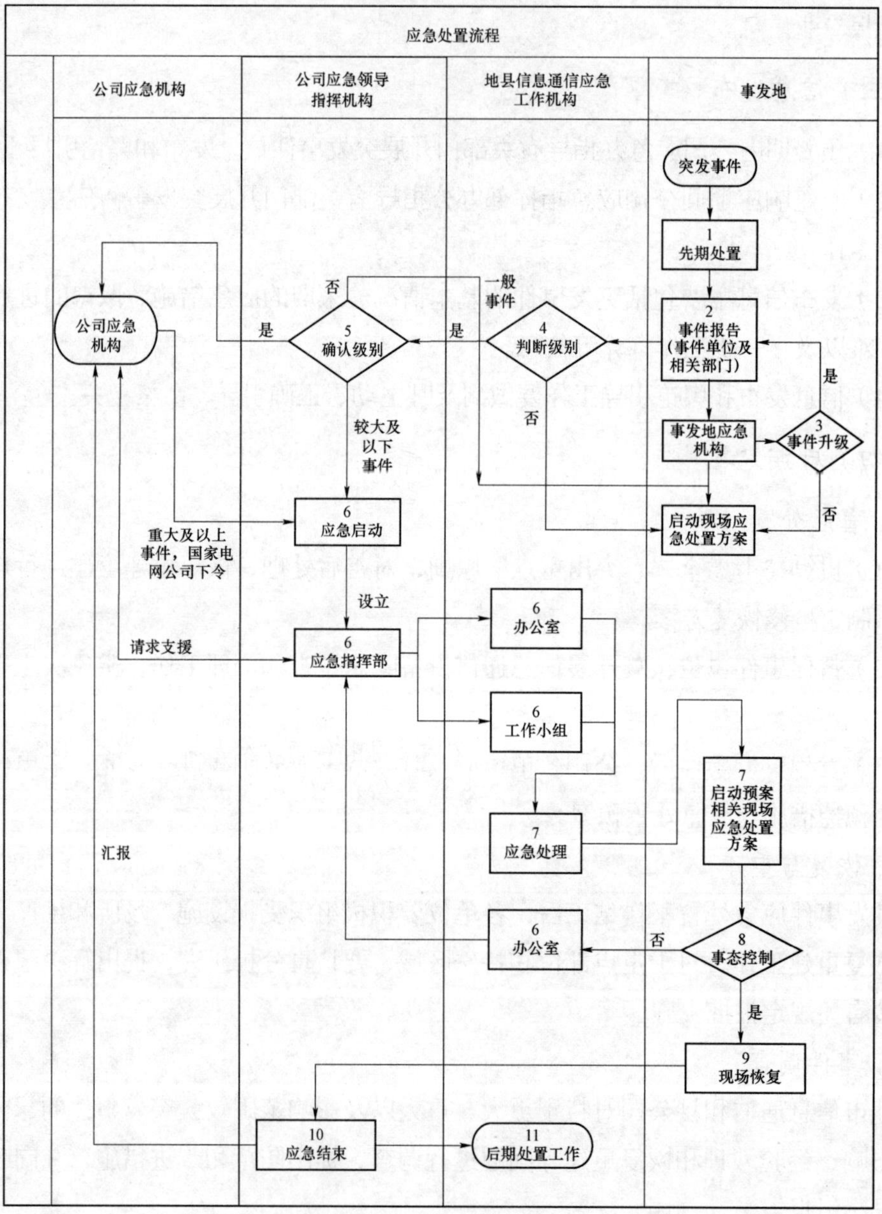

图 7－1　应急处置流程

第八章
客 户 服 务

“三集五大”架构下，信息通信客户服务面临快速响应、优质服务、超前设想的挑战。一方面是随着电网 SG186 工程部署到位，各单位部门使用的业务系统相对集中而统一；另一方面是信息通信技术广泛使用，信息通信资产部署相对广泛而分散，建立以流程为导向，以客户为中心，统一受理、统一派单、统一评价、分级处理，能实现客户满意和服务最优的一体化信息通信客户服务体系迫在眉睫。

第一节 人 员 组 成

一体化信息通信客户服务体系由客服座席、客服管理、客户服务工程师、后台服务人员组成。为实现“更集约、更扁平、更专业”的目标，首先，公司采取只在地市公司层面保留客服座席和客服管理，县公司不再保留客服座席和客服管理的管理方式，统一受理上级业务、信息通信服务请求，包括故障报修、咨询、业务受理、信息发布、满意度调查等，统一控制服务质量。其次，地县供电企业分别保留各自客户服务工程师，分别处理各单位部门信息通信现场服务。最后，地县二线运维人员、外围保障人员统一构成后台服务团队，处理较为复杂或困难的信息通信问题。客服座席、客服管理、现场服务人员、后台服务人员共同协作，以达到全面提升信息通信部门工作效率和管理水平的目的。一体化信息通信客户服务体系人员组成见图 8-1。

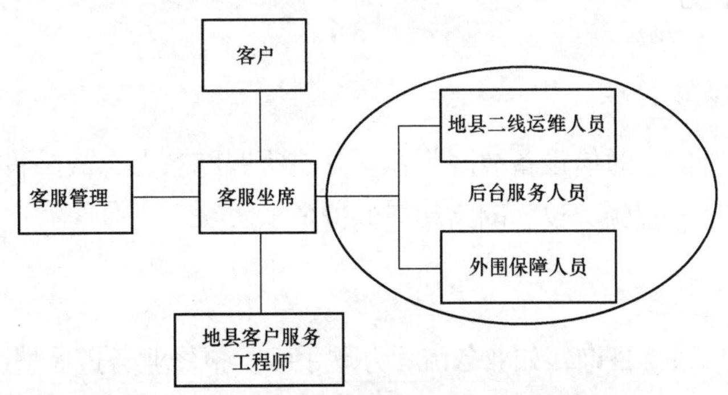

图 8-1 一体化信息通信客户服务体系人员组成

客服座席：负责统一受理与信息通信系统相关的故障报修、咨询、业务受理、信息发布等客户服务请求，并对有关服务请求处理进行跟踪、督办；负责信息的通知与报告。

客服管理：负责客服人员调配，并控制服务质量；负责服务请求进行满意度调查；负责对客服人员进行工作指导和指正；负责客服人员上岗及技能培训；参与编制相关管理制度，并监督制度执行。

客服工程师（一线服务人员）：由地县信息通信桌面运维人员组成，负责上门维护服务，处理较为简单的计算机、系统和网络软硬件故障、调优及升级工作，处理信息通信相关设备安装及调试等工作。

二线运维人员：由地县信息通信专业技术人员组成，负责专家技术支持，处理较为复杂或困难的信息通信问题。

外围保障人员：由外围单位技术人员组成，负责厂家技术支持。

第二节　技　术　支　撑

为顺利推行一体化信息通信客户服务体系，规范管理信息通信客户服务，公司使用了信息通信客户服务系统。客服坐席将受理的地县信息通信系统相关的故障报修、咨询、业务受理、信息发布等服务请求，在信息通信客户服务系统进行登记，流经相关工作流程，对服务请求进行跟踪处理。服务处理结束后，客服坐席完成客户回访，了解客户对工单处理的满意程度，形成信息通信客户服务的闭环管理。

信息通信客户服务系统包括业务处理、话务信息、知识库管理、客户管理、信息公告管理、坐席管理、沟通交流、话务平台、服务质量监督、运行绩效管理、服务目录管理、报表管理、系统支撑、我的代办等 14 个功能模块，如图 8-2 所示，实现故障报修、业务受理、咨询、信息发布、知识共享全过程管控。

一、系统服务

（一）故障报修受理

统一受理在册信息通信设备故障报修，并进行跟踪督办，故障设备主要包括桌面信息设备、IP 电话、视频会议、网络和通信设备等。

（二）咨询受理

统一受理信息通信咨询，如业务流程办理手续、报修业务进展情况等。

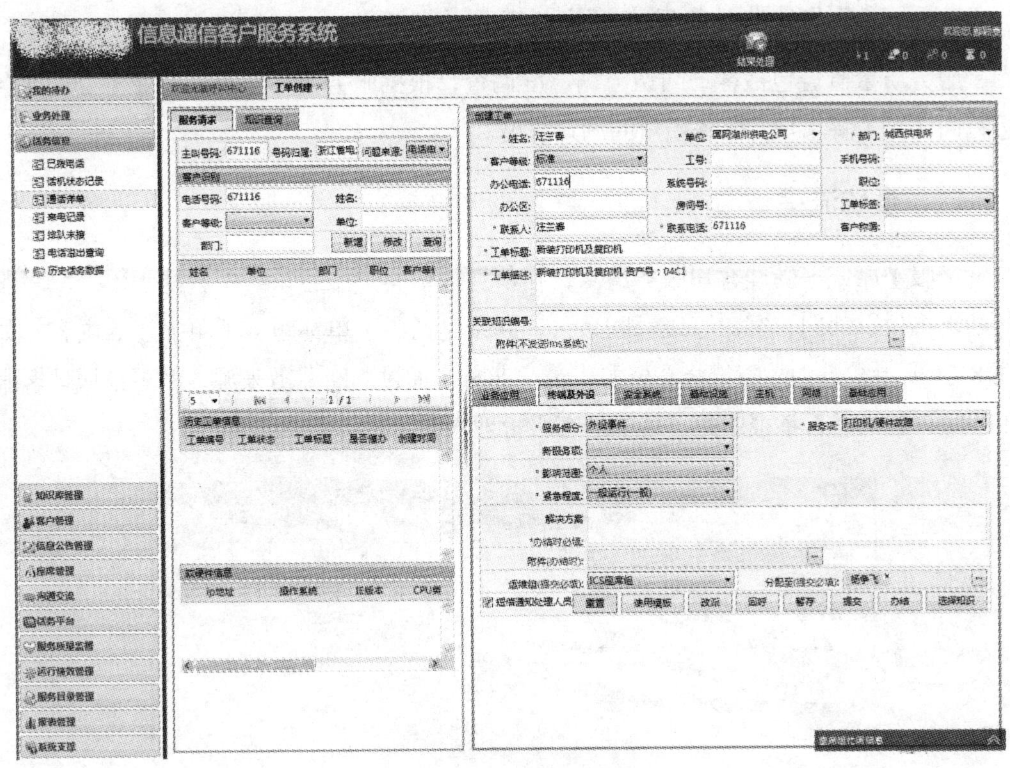

图 8-2　信息通信客户服务系统

（三）业务受理

统一受理用户信息、通信业务申请，主要包括用户权限变更申请、入网申请、SIM卡申请、防火墙调整等。

（四）业务应用问题受理

统一受理各业务系统在应用中存在问题，市公司无法处理的，负责报送省公司。关于业务应用扩展等新需求，建议客户向职能部门提出。

（五）信息发布

通过人工电话、手机短信、网站、邮件等方式向客户发布业务指南、系统停运通告、政策法规等信息。

（六）投诉受理

受理客户对个体服务行为和服务质量的投诉，并对处理过程进行跟踪、督办，将投诉处理结果及时反馈给客户，形成闭环管理；对于服务渠道、停运问题、抢修质量等方面的投诉，建议客户向职能部门进行反映。

（七）服务质量监督（客户回访与满意度调查）

服务质量监督包括客户回访与满意度调查，根据服务指标要求，对业务受理服务进行回访，了解客户对服务质量的满意程度。

二、系统流程

客服坐席统一受理客户服务请求，在信息通信客户服务系统中新建工单，填写服务请求单位、部门、客户等级、联系人、联系电话、工单标题、工单描述等内容，如图 8-3 所示。若为故障抢修、资源申请类业务，通过判断业务来源，派单给属地客服工程师；若为投诉举报业务，转单给客服管理人员。

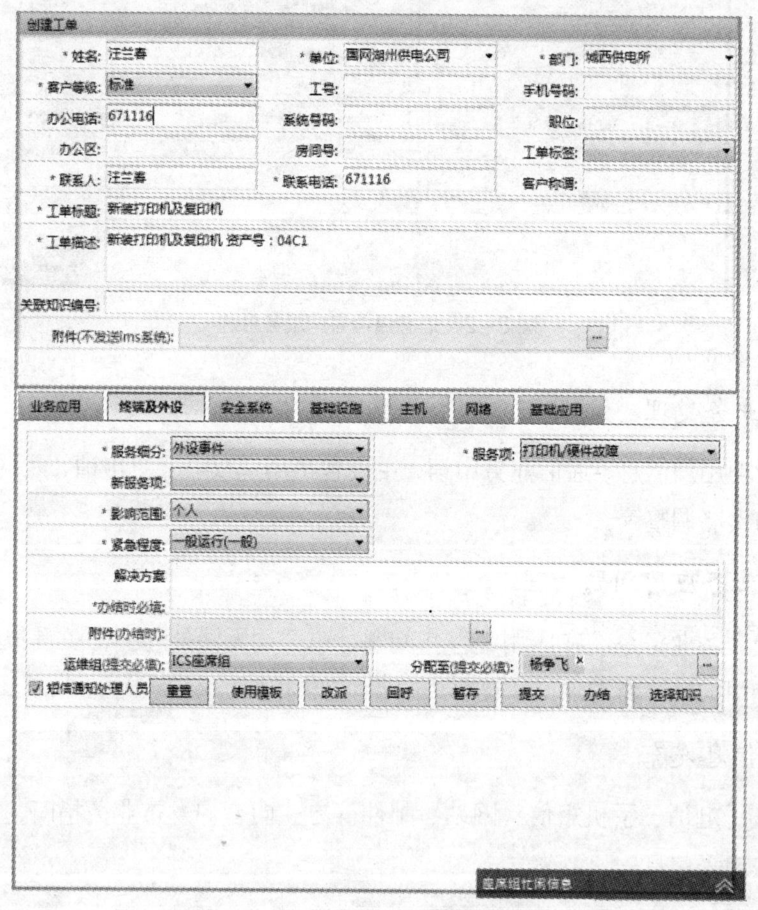

图 8-3　信息通信客户服务系统工单录入

客服工程师、后台服务人员或客服管理人员工单处理完毕后将处理结果录入信息通信客户服务系统，填写解决方案、解决结果、解决结束时间。客服坐席收到反馈记录后，对客户进行回访，并填写总体评价、服务质量、服务水平、服务态度、响应速度，并做好归档，如图 8－4、图 8－5 所示。

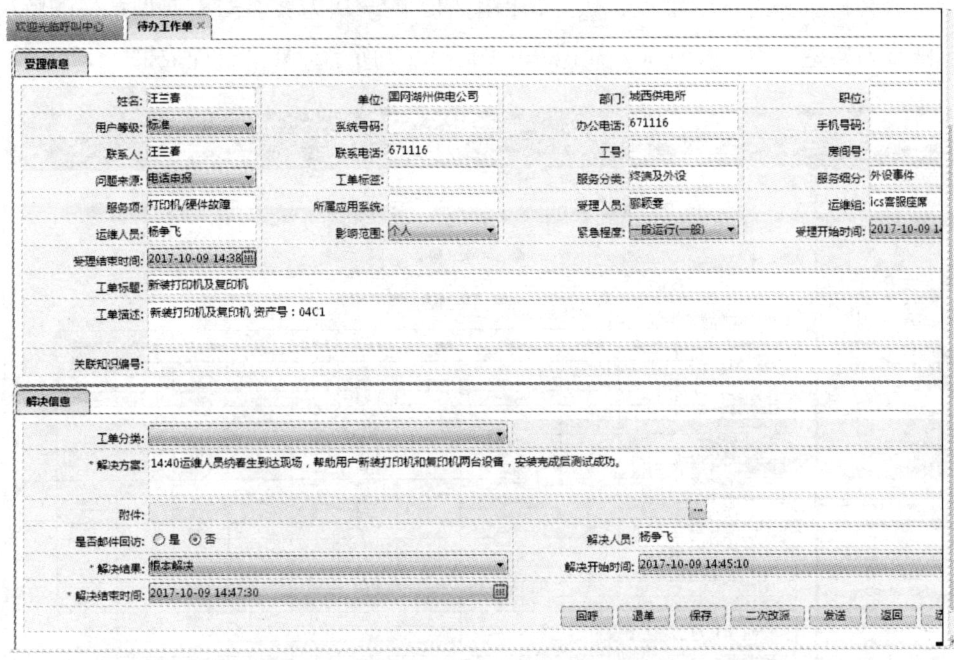

图 8－4　信息通信客户服务系统工单处理

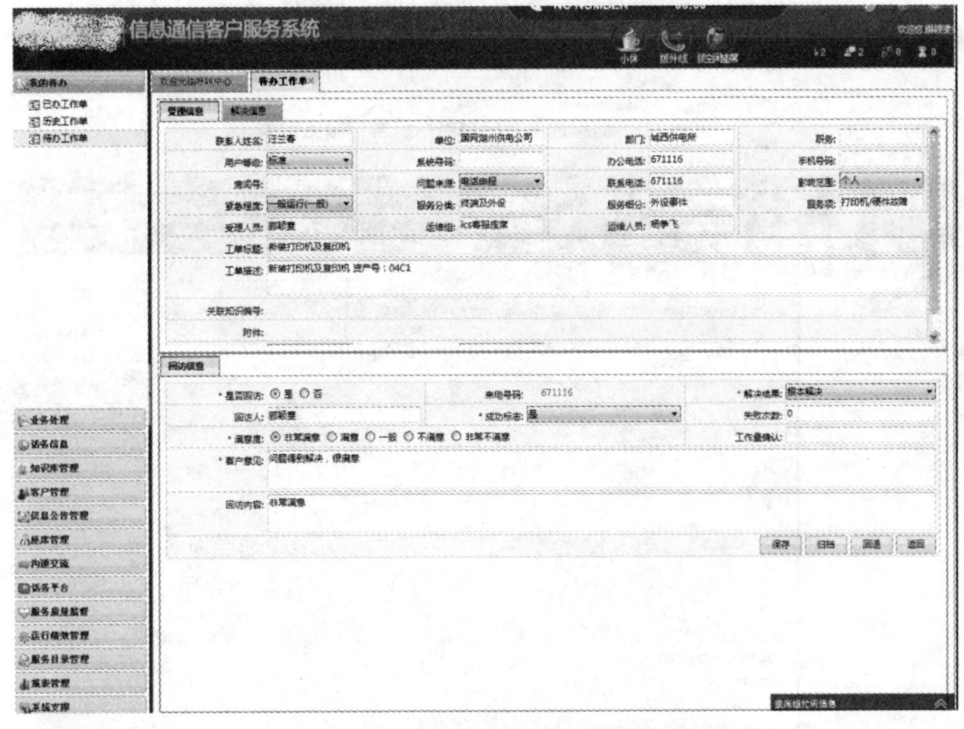

图 8－5　信息通信客户服务系统满意度调查

客服管理人员按规定每日、每月在信息通信客户服务系统中抽取日报、月报，如图 8-6 所示，有针对性的优化客户服务工作。每月月底，公司召开客户服务分析会，分析当月客户服务工作中难点、热点，提出相应的解决方案。对有典型意义的解决方案，修改为典型经验，及时录入知识库，如图 8-7 所示，共享管理成果。

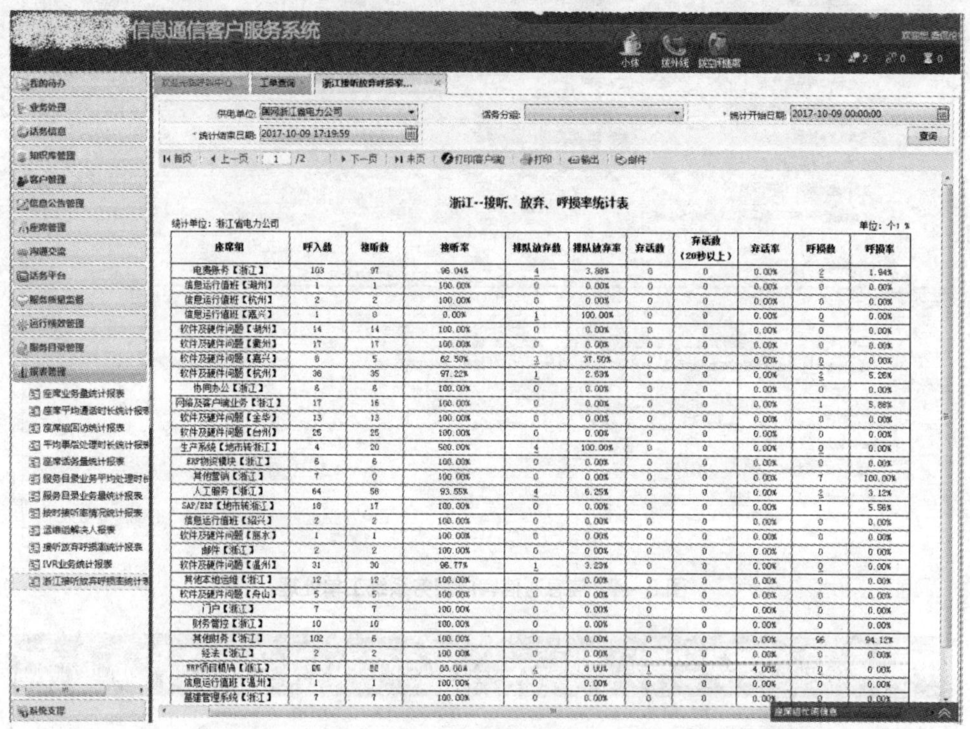

座席组	呼入数	接听数	接听率	排队放弃数	排队放弃率	弃话数	弃话数（20秒以上）	弃话率	呼损数	呼损率
电费账务【浙江】	103	97	96.04%	4	3.88%	0	0	0.00%	2	1.94%
信息运行值班【湖州】	1	1	100.00%	0	0.00%	0	0	0.00%	0	0.00%
信息运行值班【杭州】	2	2	100.00%	0	0.00%	0	0	0.00%	0	0.00%
信息运行值班【嘉兴】	1	0	0.00%	1	100.00%	0	0	0.00%	0	0.00%
软件及硬件问题【湖州】	14	14	100.00%	0	0.00%	0	0	0.00%	0	0.00%
软件及硬件问题【衢州】	17	17	100.00%	0	0.00%	0	0	0.00%	0	0.00%
软件及硬件问题【嘉兴】	8	5	62.50%	3	37.50%	0	0	0.00%	0	0.00%
软件及硬件问题【杭州】	38	35	97.22%	1	2.63%	0	0	0.00%	2	5.26%
协同办公【浙江】	6	6	100.00%	0	0.00%	0	0	0.00%	0	0.00%
网络及客户端业务【浙江】	17	16	100.00%	0	0.00%	0	0	0.00%	1	5.88%
软件及硬件问题【金华】	13	13	100.00%	0	0.00%	0	0	0.00%	0	0.00%
软件及硬件问题【台州】	25	25	100.00%	0	0.00%	0	0	0.00%	0	0.00%
生产系统【地市转浙江】	4	20	500.00%	4	100.00%	0	0	0.00%	0	0.00%
ERP物资模块【浙江】	6	6	100.00%	0	0.00%	0	0	0.00%	0	0.00%
其他营销【浙江】	7	0	100.00%	0	0.00%	0	0	0.00%	7	100.00%
人工服务【浙江】	64	58	93.55%	4	6.25%	0	0	0.00%	2	3.12%
SAP/ERP【地市转浙江】	18	17	100.00%	0	0.00%	0	0	0.00%	1	5.56%
信息运行值班【绍兴】	2	2	100.00%	0	0.00%	0	0	0.00%	0	0.00%
软件及硬件问题【丽水】	1	1	100.00%	0	0.00%	0	0	0.00%	0	0.00%
邮件【浙江】	2	2	100.00%	0	0.00%	0	0	0.00%	0	0.00%
软件及硬件问题【温州】	31	30	96.77%	1	3.23%	0	0	0.00%	0	0.00%
其他本地运维【浙江】	12	12	100.00%	0	0.00%	0	0	0.00%	0	0.00%
软件及硬件问题【舟山】	5	5	100.00%	0	0.00%	0	0	0.00%	0	0.00%
门户【浙江】	7	7	100.00%	0	0.00%	0	0	0.00%	0	0.00%
财务管控【浙江】	10	10	100.00%	0	0.00%	0	0	0.00%	0	0.00%
其他财务【浙江】	102	6	100.00%	0	0.00%	0	0	0.00%	96	94.12%
经法【浙江】	2	2	100.00%	0	0.00%	0	0	0.00%	0	0.00%
ERP项目模块【浙江】	25	22	88.00%	2	8.00%	1	0	4.00%	0	0.00%
信息运行值班【温州】	1	1	100.00%	0	0.00%	0	0	0.00%	0	0.00%
基建管理系统【浙江】	7	7	100.00%	0	0.00%	0	0	0.00%	0	0.00%

图 8-6　信息通信客户服务系统客户服务报表

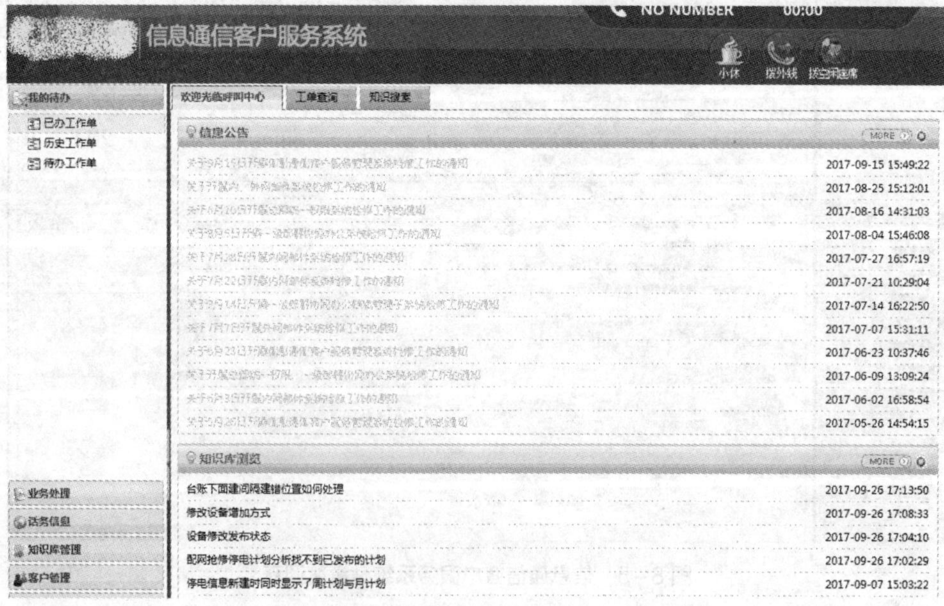

图 8-7　信息通信客户服务系统知识库

第三节 业 务 流 程

信息通信客户服务实行 5×8h 故障报修，7×24h 电话值班，全天候受理客户服务。客服坐席通过电话、邮件、网页等服务渠道，统一受理市县信息通信系统相关的故障报修、咨询、业务受理、信息发布等客户服务请求，并依照有关规定，根据有关工作流程，对客户服务请求进行处理。需要进行现场服务的，由客服坐席直接派单给属地客服工程师，需后台服务人员协助处理的，由客服坐席再次派单给后台服务人员，履行相关服务承诺。为保证服务质量，客服坐席还应对所有客户服务请求的处理进行跟踪、督办。服务处理结束后，客服坐席完成客户回访，了解客户对工单处理的满意程度，形成信息通信服务闭环管理，如图 8-8 所示。

客户服务管理流程说明：

（1）客户遇到信息通信问题，可通过电话、邮件、网页等方式联系客服坐席。客服坐席完成业务受理。

（2）客服坐席对工单类型进行人工判断，若为咨询业务，则直接进行回复；若为故障抢修、资源申请类业务，则通过判断业务来源，派单给属地客服工程师；若为投诉举报业务，则转单给客服管理人员，集中进行处理。

（3）客服工程师进行现场处理，处理完毕后将处理结果反馈客服坐席，若需要二线、三线协助处理的，请求客服坐席重新派单。

（4）客服坐席收到客服工程师重派工单请求，按实际情况将工单重新派发给相关二线、三线工程师。

（5）二线、三线工程师进行处理，并将处理结果反馈客服坐席。

（6）客服管理人员对投诉工单进行处理，并将处理结果反馈客服坐席。

（7）客服坐席进行回访、归档和满意度调查。

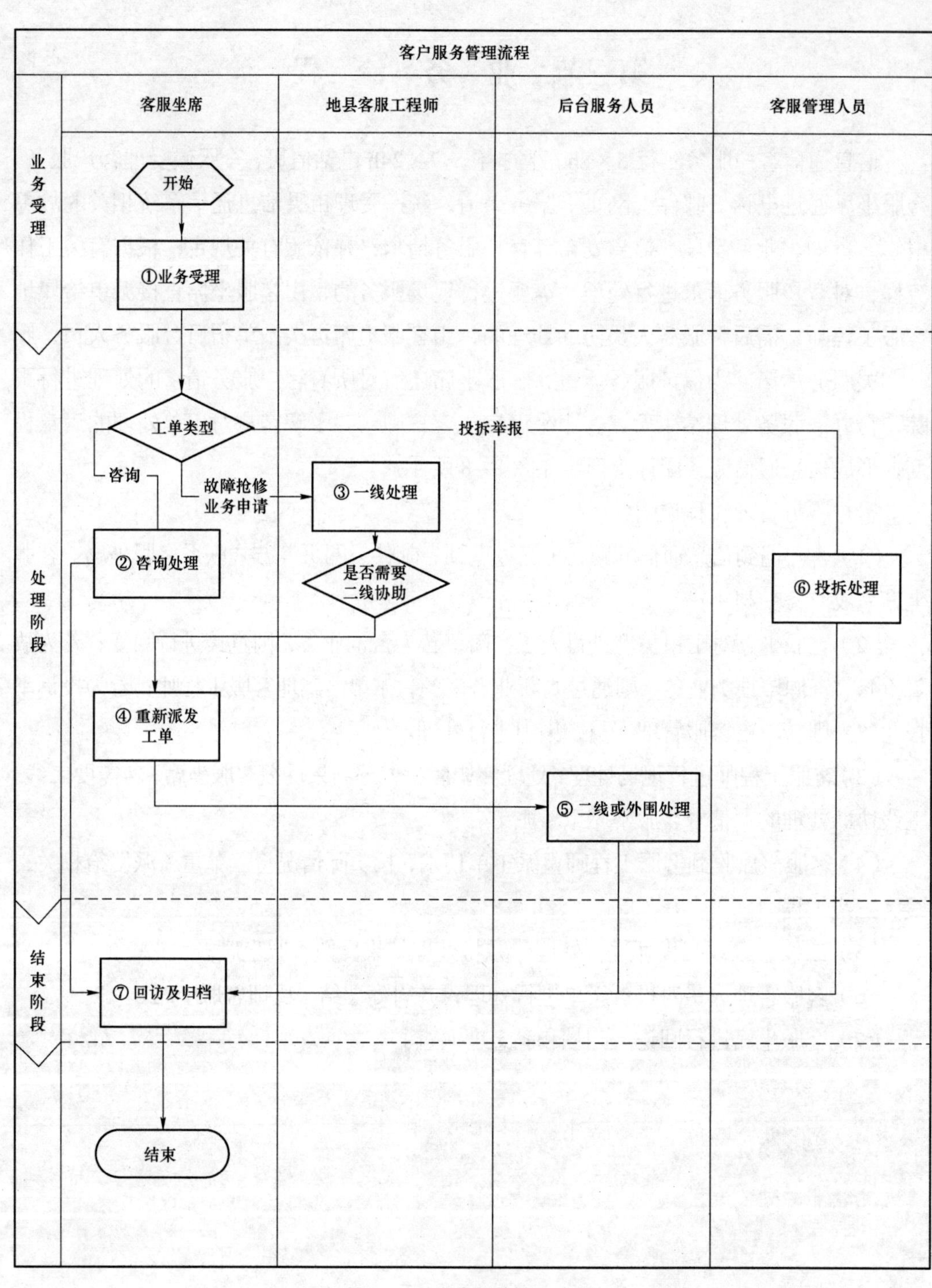

图 8-8　客户服务管理流程

第九章 资 产 管 理

资产是公司正常开展各项活动的基础。“三集五大”架构下，信息通信管理呈现更集约、更扁平、更专业的特点，对资产管理也提出了新的要求。在新的时代背景下，资产管理已不仅仅停留在实物资产管理层面上，更需要从长期经济效益出发，通过一系列的技术经济组织措施，统筹考虑资产的计划、采购、领用、发放、运维、调配以及报废全过程，在满足安全、效益、效能的前提下，统筹规划，使企业资产寿命周期费用最小。

第一节 管 理 网 络

以往信息通信资产由公司各单位自行管理，管理相对分散而粗犷。各单位因工作目标、范围和侧重点不尽相同，往往只关注自身领域的信息通信资产，基本不考虑公司整体运营情况，存在盲目采购、资产利用率低、运维成本高、账卡物不一致、责权不清晰等问题。

因公司资产集约化、扁平化的管理要求，地市公司将资产规划、采购管理权限上收，县公司仅保留实物资产管理权限。每年，地市信息通信资产管理员按照公司发展情况、实物资产状况、运行维护情况，统筹制定公司信息通信资产购置及报废计划，统一进行采购，并将采购的资产按计划份额分配给县公司。地县供电企业资产管理部门按照所辖单位实际情况、库存规模，做好信息通信资产发放、运维、调配、报废以及台账维护相关工作。公司其他单位部门按照“谁使用、谁负责”的原则，做好台账登记，规范使用信息通信资产，若需要申请、变更、报废资产，由使用单位部门向客户服务提交申请，地县供电企业资产管理部门进行相关处理，如图 9-1 所示。

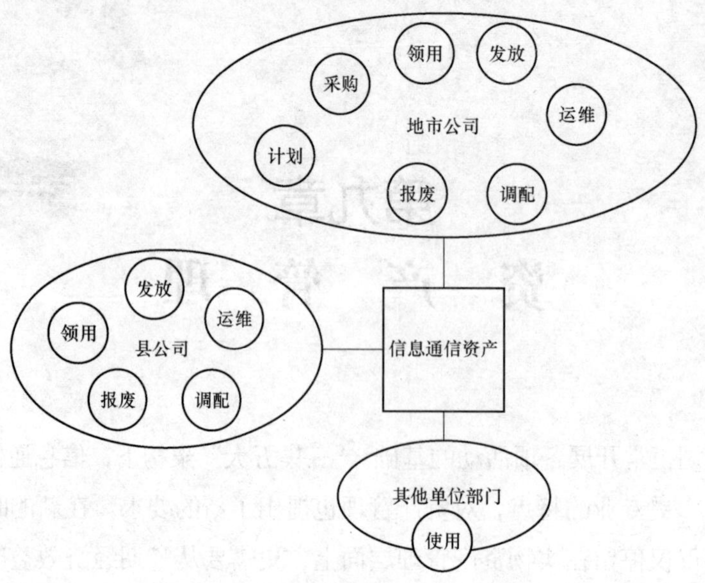

图 9-1 信息通信资产管理网络

第二节 技 术 支 撑

账卡物数据一致性一直是实物资产管理的难点，地县供电企业信息通信资产一体化管理通过协同和闭环两个手段管理来解决这个问题。在信息支撑方面，关注系统间是否存在壁垒，理清设备、物料、资产、项目等管理要素间的关系，以资产 BOM 为标准数据源规范信息来源和台账、资产卡片创建，实现"物资、设备、资产"三码联动。在实物资产管理方面，关注信息通信资产的形成和退出，从资产管理源头入手，灵活应用 ERP、IMS、TMS 等资产管理系统，对信息通信资产采购申请、领用、发放、运维、调配、报废进行全程监控。每年，地市信通根据省公司下达的信息通信资产采购计划，由资产管理员分别在 IMS、TMS 系统中建立信息通信资产。IMS、TMS 系统与 ERP 系统存在接口，ERP 系统每日定期读取 IMS、TMS 中需要同步至 ERP 的资产，若为新资产，自动在 ERP 中生成资产数据，并将设备编号和资产编号反馈给 IMS、TMS 系统，若为旧资产，匹配 IMS、TMS 中关键字段，不匹配的字段自动进行更新。ERP 完成同步更新数据工作后，发送同步成功与否标识给相关系统，确保相关系统数据保持一致。文中所指的 ERP 系统是财务资产管理系统，管理资产的财务信息；IMS 是信息运维综合监管系统，管理信息资产实物信息；TMS 指通信运维综合监管系统，管理通信资产实物信息。

ERP、IMS、TMS 等资产管理系统关键字段包括项目编码、项目 WBS 编码（Work Breakdown Structure，工作分解结构）、设备编号和资产编号。编码的产生和传递主

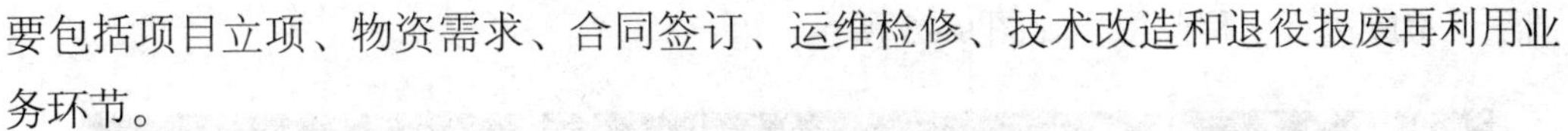

要包括项目立项、物资需求、合同签订、运维检修、技术改造和退役报废再利用业务环节。

项目编码：在年度投资计划下达、项目立项阶段产生，WBS 编码由项目编码分解产生。

设备编号：若是项目，在项目竣工验收后，建立新设备台账后产生，为唯一编号，伴随设备全生命周期，由实物管理单位负责管理。

资产编号：在验收转资，进入 ERP 台账后产生，由财务部门负责管理。

一、ERP 系统

ERP 系统全称财务资产管理系统，是一个基于客户/服务器结构和开放系统的、集成的企业资源计划系统，主要负责固定资产管理，实现财务与业务无缝集成，相关财务凭证实时自动生成，确保财务数据及时、准确，如图 9-2 所示。

显示设备：设备清单

设备	资产编码	开始日期	设备种类	系统状态	用户状态	更改日期	更改者	授权组	对象类型	技术对象说明
70000001058561	10700155081	2017.07.18	X	INST	库存备用	2017.11.07	ODS_IMS	Z003	20030500	湖州公司高端台式机电脑(
70000001058562	10700155308	2017.07.18	X	INST	库存备用	2017.09.10	ODS_IMS	Z003	20030500	宁波公司中端台式机（联想
70000001058563	10700155309	2017.07.18	X	INST	库存备用	2017.09.10	ODS_IMS	Z003	20030500	宁波公司高端台式机（HP-
70000001058564	10700155594	2017.07.18	X	INST	库存备用	2017.09.15	ODS_IMS	Z003	20030500	2017年第一批温州公司中
70000001058565	10700155310	2017.07.18	X	INST	库存备用	2017.09.10	ODS_IMS	Z003	20030500	宁波公司中端台式机（联想
70000001058566	10700154795	2017.07.18	X	INST	库存备用	2017.09.13	ODS_IMS	Z003	20030500	衢州公司中端笔记本（联想
70000001058567	10700155082	2017.07.18	X	INST	库存备用	2017.11.07	ODS_IMS	Z003	20030500	湖州公司中端台式机电脑(
70000001058568	10700154796	2017.07.18	X	INST	库存备用	2017.09.13	ODS_IMS	Z003	20030500	衢州公司中端笔记本（联想
70000001058569	10700154797	2017.07.18	X	INST	库存备用	2017.09.13	ODS_IMS	Z003	20030500	衢州公司中端笔记本（联想
70000001058570	10700155595	2017.07.18	X	INST	库存备用	2017.09.15	ODS_IMS	Z003	20030500	2017年第一批温州公司中
70000001058571	10700155311	2017.07.18	X	INST	库存备用	2017.09.10	ODS_IMS	Z003	20030500	宁波公司中端台式机（联想
70000001058572	10700155083	2017.07.18	X	INST	库存备用	2017.11.07	ODS_IMS	Z003	20030500	湖州公司中端台式机电脑(
70000001058573	10700155084	2017.07.18	X	INST	库存备用	2017.11.07	ODS_IMS	Z003	20030500	湖州公司中端台式机电脑(
70000001058574	10700155596	2017.07.18	X	INST	库存备用	2017.09.15	ODS_IMS	Z003	20030500	2017年第一批温州公司高
70000001058575	10700155597	2017.07.18	X	INST	库存备用	2017.09.15	ODS_IMS	Z003	20030500	2017年第一批温州公司中
70000001058576	10700155312	2017.07.18	X	INST	库存备用	2017.09.10	ODS_IMS	Z003	20030500	宁波公司中端台式机（联想
70000001058577	10700154798	2017.07.18	X	INST	库存备用	2017.09.13	ODS_IMS	Z003	20030500	衢州公司中端笔记本（联想
70000001058578	10700155598	2017.07.18	X	INST	库存备用	2017.09.15	ODS_IMS	Z003	20030500	2017年第一批温州公司中
70000001058579	10700155085	2017.07.18	X	INST	库存备用	2017.11.07	ODS_IMS	Z003	20030500	湖州公司中端台式机电脑(
70000001058580	10700155599	2017.07.18	X	INST	库存备用	2017.09.15	ODS_IMS	Z003	20030500	2017年第一批温州公司中
70000001058581	10700155600	2017.07.18	X	INST	库存备用	2017.09.15	ODS_IMS	Z003	20030500	2017年第一批温州公司中
70000001058582	10700155313	2017.07.18	X	INST	库存备用	2017.09.10	ODS_IMS	Z003	20030500	宁波公司高端台式机（HP-
70000001058583	10700154799	2017.07.18	X	INST	库存备用	2017.09.13	ODS_IMS	Z003	20030500	衢州公司高端笔记本（联想
70000001058584	10700154800	2017.07.18	X	INST	库存备用	2017.09.13	ODS_IMS	Z003	20030500	衢州公司中端笔记本（联想
70000001058585	10700155601	2017.07.18	X	INST	库存备用	2017.09.15	ODS_IMS	Z003	20030500	2017年第一批温州公司中
70000001058586	10700155314	2017.07.18	X	INST	库存备用	2017.09.10	ODS_IMS	Z003	20030500	宁波公司中端台式机（联想
70000001058587	10700155315	2017.07.18	X	INST	库存备用	2017.09.10	ODS_IMS	Z003	20030500	宁波公司中端台式机（联想
70000001058588	10700154801	2017.07.18	X	INST	库存备用	2017.09.13	ODS_IMS	Z003	20030500	衢州公司高端笔记本（联想
70000001058589	10700155602	2017.07.18	X	INST	库存备用	2017.09.15	ODS_IMS	Z003	20030500	2017年第一批温州公司中
70000001058590	10700154802	2017.07.18	X	INST	库存备用	2017.09.13	ODS_IMS	Z003	20030500	衢州公司中端笔记本（联想

图 9-2 ERP 财务资产管理系统

二、IMS 系统

IMS 系统全称信息通信一体化调度运行支撑平台，是一个基于浏览器/服务器结构、SG-UAP 开发的，集调度、运行、检修、客服于一体的信息通信一体化调度运行支撑平台。该平台各项活动基于真实的信息资产，其资产管理主要涉及模块包括设备管理、软件管理、基础支撑资源、系统管理，实现了信息资产从申请、领用、发放、运维、调配、报废进行全程监控，如图 9-3 所示。

图 9-3　信息通信一体化调度运行支撑平台

1. 与 ERP 系统智能双向同步

IMS 系统资产全过程管控始于资产登记，可采用单台记录登记或批量导入，登记完整实物设备相关属性，如设备名称、设备类型、型号、责任人等，并增加了是否同步给 ERP 按钮，将该按钮选中"是"，IMS、ERP 系统将实现双向同步，数据保持一致，如图 9-4 所示。

设备详情

基本信息　更多信息

基本信息　资产信息　采购信息　服务信息　维护信息　运行信息　安全信息　其它信息　附件

设备名称:	湖州公司中端台式机电脑(HP ProDe	设备分类:	终端设备
设备类型:	台式机	制造国家:	中国
制造商:	中国惠普有限公司	品牌:	HP
系列:	ProDesk	型号:	600 G3 SFF
出厂日期:	2017-05-14	设备状态:	库存备用
投运日期:	2017-07-18	所属网络:	未联网
是否已监控:		用途:	办公
国网编号:		是否同步给ERP:	是
安放地点:	ZJ-HU办公大楼	设备高度(U):	
厂商原始ID:			
备注:			

关闭

图 9-4　信息通信一体化调度运行支撑平台同步信息

2. 主设备智能管控

针对信息资产中重要设备，如网络设备、服务器设备、基础保障设备采用精益化管理，一是规划每个机房范围、存放设备、运行状态，如图 9-5 所示；二是实时展现各个设备运行状况，对异常运行设备进行告警，如图 9-6 所示；三是强化设备运维管理，工作票与设备挂钩，方便管理员及时记录设备变更情况，如图 9-7 所示。

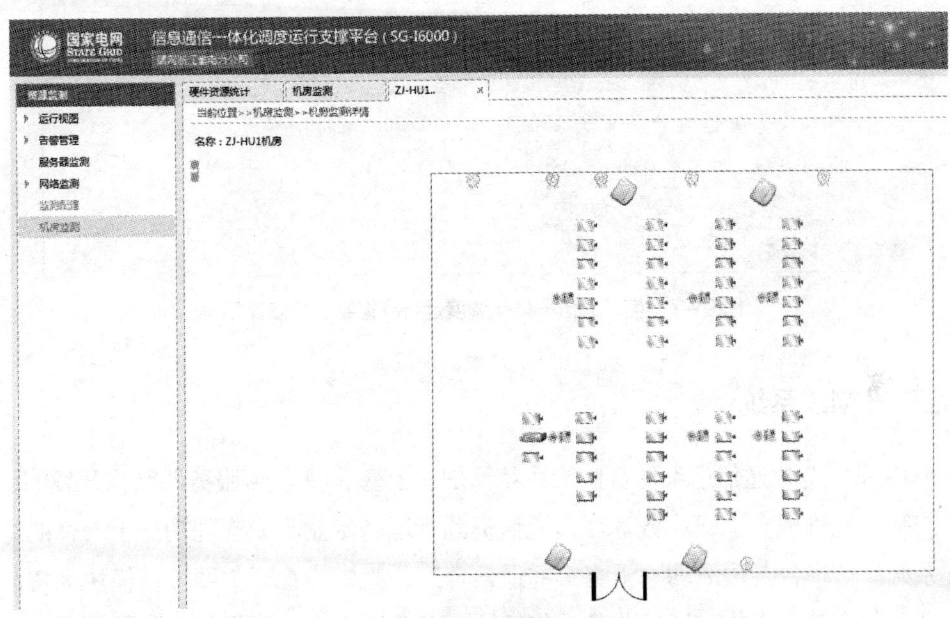

图 9-5 信息通信一体化调度运行支撑平台机房监测

图 9-6 信息通信一体化调度运行支撑平台服务器监测

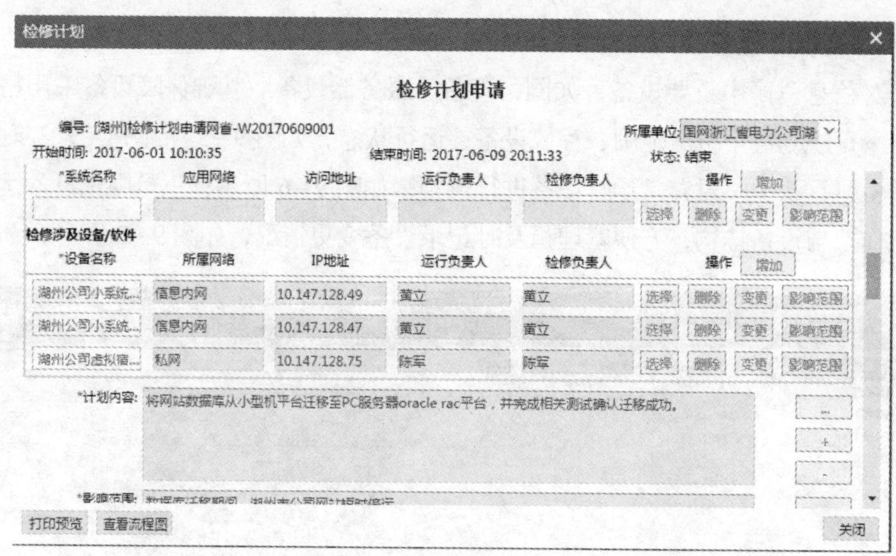

图 9-7　信息通信一体化调度运行支撑平台检修计划

三、TMS 系统

TMS 系统全称通信运维综合监管系统，是一个基于浏览器/服务器结构开发的，集通信网络设施管理、承载业务管理、通信资源管理、专业职能管理功能于一体的综合管理系统。该平台各项活动基于真实的通信资产，其资产管理主要涉及模块为资源信息管理，包含基础设施、通信业务、传输网、业务网、支撑网相关设备数据，实现了通信资产从申请、领用、运维、调配、报废进行全程监控，如图 9-8 所示。

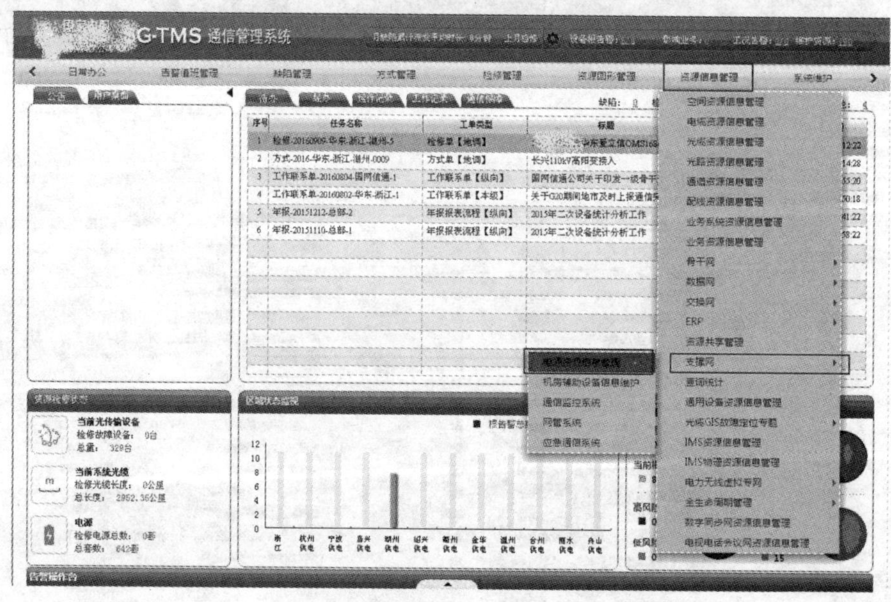

图 9-8　通信运维综合监管系统

第三节 业务流程

为规范信息通信资产管理，降低公司运营成本，地市信通重新梳理了信息通信资产管理职责和管理流程，明确了信息通信资产管理部门，出台了相关实施细则，提出了地县一体化信息通信资产全生命周期管理的模式。该模式确定地市信通是全公司的信息通信管理部门，资产管理流程以信息通信资产实物为基础，兼顾资产计划上报、采购申请、领用、发放、运维、调配、报废的全生命周期，如图 9–9 所示，在满足安全、效益、效能的前提下，追求信息通信资产全生命周期采购成本最优，运维成本最优，安全管理最大化，最终达到资产管理扁平化、集约化、精益化的目标。

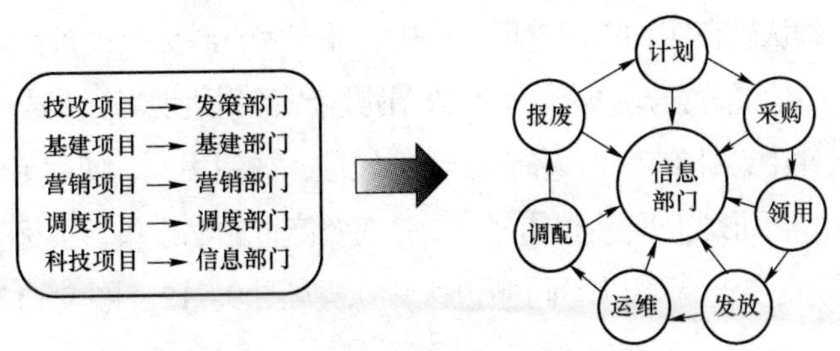

图 9–9　信息通信资产全生命周期管理图

一、计划申报

各业务主管部门每年 9 月份向信息通信分公司上报下一年度信息通信资产增减计划。地市信通结合历史台账，进行汇总审核，于每年 10 月份向省公司提出下一年度租赁业务需求总计划，如图 9–10 所示。

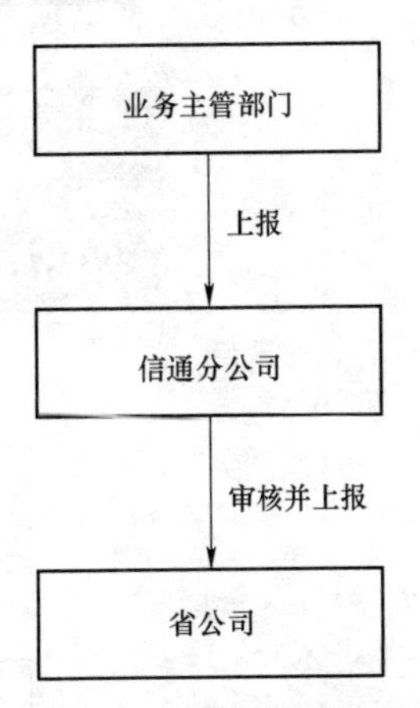

图 9–10　资产计划申报流程

二、采购申请

地市信通根据省公司下发的信息通信采购计划，在 IMS 或 TMS 系统中建立信息通信实物资产台账。经省信息通信公司确认后，获得资产设备号和资产号，由省公司完成设备采购，如图 9–11 所示。省公司完成资产采购流程后，将采购资产直接发放至地市信通。

三、领用和发放

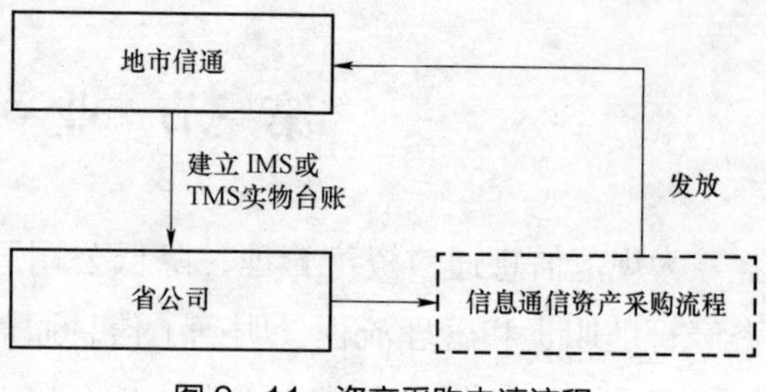

图 9－11　资产采购申请流程

在资产分配方面，坚持“集中库存、统筹平衡、按需发放”原则，统一由地市信通全面负责，各单位（部门）执行“0”库存制度。

（1）到达更换年限的设备，由地市信通统一评估，制定轮换计划，进行发放；

（2）项目中的设备，优先考虑项目使用，如发生轮换计划、新增需求与项目部署冲突，地市信通进行统一调整后发放；

（3）新增需求，由使用单位提出领用申请，经地市信通审核后发放。

资产发放过程中，由地市信通派专业运维人员到达设备现场，确认安装设备和领用设备属性是否一致，确认后在实物资产管理软件中，补充完整或更改设备台账其他属性。例如若为信息资产，会由信通分公司派桌面运维人员跟随设备到达现场，完成设备安全入网，在的实物资产管理软件中，补充完整设备台账其他属性，如使用人、使用单位、设备序列号、IP 地址、MAC 地址等，形成固定资产电子卡，并在资产上粘贴设备备案标签及资产标签（内外网信息备案标签及资产标签以不同颜色区分），如图 9－12、图 9－13 所示。

图 9－12　信息备案标签及资产标签

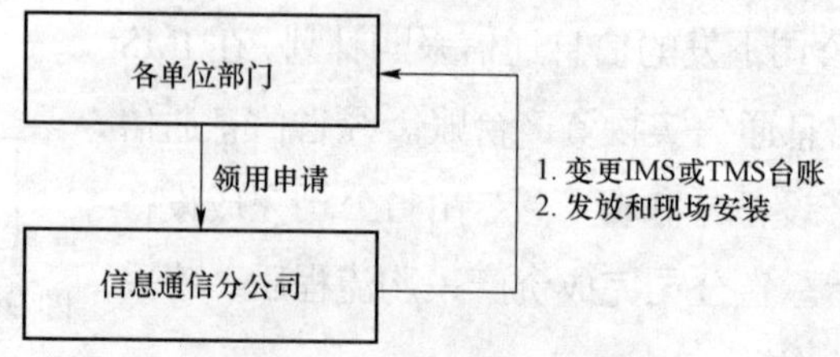

图 9－13　资产领用和发放流程

四、资产运维

因为信息通信资产具有更新快、易移动、配置调整频繁等特点，所以若在资产运维过程中，不重视资产实物管理与资产台账管理的联动机制，将会导致资产账卡物不一致问题产生。地市信通通过成立地县一体化客户服务平台，由一体化客户服务平台统一负责受理信息通信资产的故障报修和维护。客服坐席在受理工单时，要求客户提供资产资产号，否则，不提供运维服务，必须完善资产台账后，才提供运维服务。同时，强化内部沟通，客户服务工程师一旦发现客户提供的资产号台账与现场实物不符，或者维修中，发生配置变更，立即通知资产管理员。资产管理员完成实物台账更新工作后，重新打印资产标签，完成资产台账与实物的动态联动管理，如图 9－14 所示。

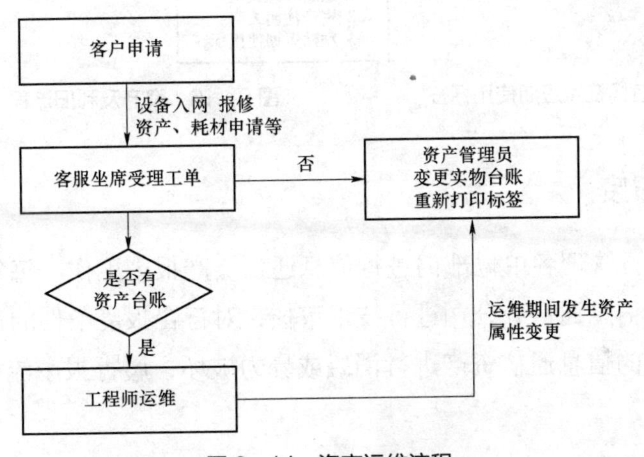

图 9－14　资产运维流程

通常通信资产进行运维，一般由通信专业运维人员发起，发生设备信息变更，立即通知资产管理员。资产管理员完成实物台账更新工作后，重新打印资产标签，完成资产台账与实物的动态联动管理。

五、调配及利旧

地市信通对信息通信资产进行统一调配及利旧管理。地市信通将每年轮换、机构调整、人员岗位变动收回的信息资产和达到运行年限、已退运的通信资产进行重新鉴定、修复。对于可再利用的资产，首先删除设备入网（信息）/在运（通信）信息，在资产状态调整为在库利旧/库存备用，修改实物台账信息。粘贴利旧集中管理特殊标签，主要用于集中办公或临时使用。当这些资产发至变电站或各部门或集中地点办公时，重新办理入网/在运手续，再次粘贴短期使用标签（注明使用原因、时间、地址、归还时间），同时在实物资产管理系统中注明去向，以便能跟踪收回。如确实需要长期使用的，重新履行领用（发放）流程，见图 9－15、图 9－16。

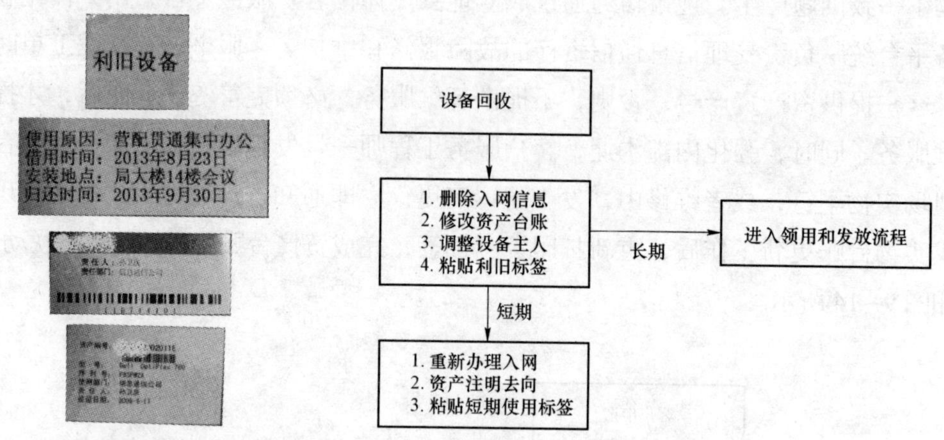

图 9－15　利旧设备标签和短期使用标签　　图 9－16　资产及利旧流程

六、资产报废

地市信通负责管理各单位部门进行信息通信资产报废工作。每年由各单位部门上报报废资产，信息通信分公司进行技术审核，对符合报废条件的进行资产回收，对配置存储设备的信息通信资产进行消磁或暴力破坏，履行报废流程，如图 9－17 所示。

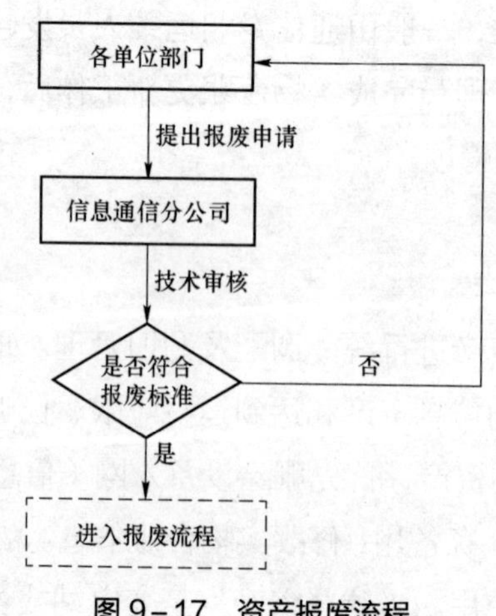

图 9－17　资产报废流程

第四节 备 品 备 件

备品备件是为确保生产设备正常运行必须数倍的设备、部件、材料和备件。合理的备品备件储备应该充分考虑生产设备故障发生概率、影响程度、可替换性等因素。备品备件实物管理应该遵循“统一管理、分级存放、全面共享、集中调配、就近领用、快速高效”的仓储管理原则，实现备品备件跨区域统一调配的协同机制。

一、管理模式

企业信息化程度越高，对信息通信资产安全可靠运行的依赖性也就越大。备品备件充足、有效就是确保信息通信资产安全可靠运行的保障之一。地市信通坚守集约化、精益化管理理念，参照信息通信一体化管理模式，搭建地县信息通信备品备件一体化管理平台，融入统一入库、统一领用、统一调配、统一跨区域借调、统一报废的标准化管理机制，通过一本账、多维查询、可视化图片展示、周期性测试、跨区借调、设备预警系统模块，实现分散仓储、集中管控、统一调度的集约化、精益化管理模式，如图 9–18 所示。

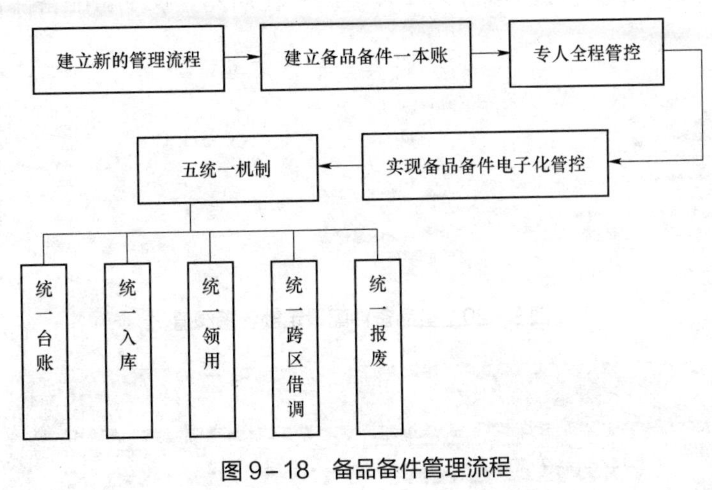

图 9–18 备品备件管理流程

二、技术支持

为规范化备品备件管理，地市信通自主研发了地县信息通信备品备件一体化管理平台，如图 9–19 所示，建立了备品备件的电子化台账，实现了入库、领用、借用、归还、报废等全过程管理流程，实现了多维查询、可视化图片展示、周期性测试、设备预警等智能化管理功能。

图 9-19　备品备件一体化管理平台

三、管理特色

（一）多重因素配置定额

备品备件的配置定额将直接影响企业投入成本和运营成本，地市信通充分考虑生产设备技术要求、状态评价和备品备件使用频率，并考虑仓库网络布局、物资采购响应速度、物料通用属性等因素对配置定额的影响，完善备品备件定额计算方法。地县信息通信备品备件一体化管理平台充分考虑备品备件定额情况，当仓储中备品备件数量接近阀值，系统自动告警，如图 9-20、图 9-21 所示，便于备品备件管理人员及时提交采购单。

华为	路由交换机		修改	删除
S3700-52P-EI-AC	路由交换机	>3	修改	删除
ESFP-GE-SX-MM850	光模块	>3	修改	删除
SFP-GE-LX-SM1310	光模块	>3	修改	删除
S-SFP-GE-LH70-SM1550	光模块	>3	修改	删除
S1016R	接入交换机	>3	修改	删除
PCM子框 母板插框-MONET-M37KDHGB-HGB母板	整机	>3	修改	删除
华为S2300	KVM切换设备	>2	修改	删除
Huawei S3700-52P-EI-AC	路由交换机	>3	修改	删除
PE-NE40E-X8	光缆	>3	修改	删除

图 9-20　备品备件配置定额告警阀值

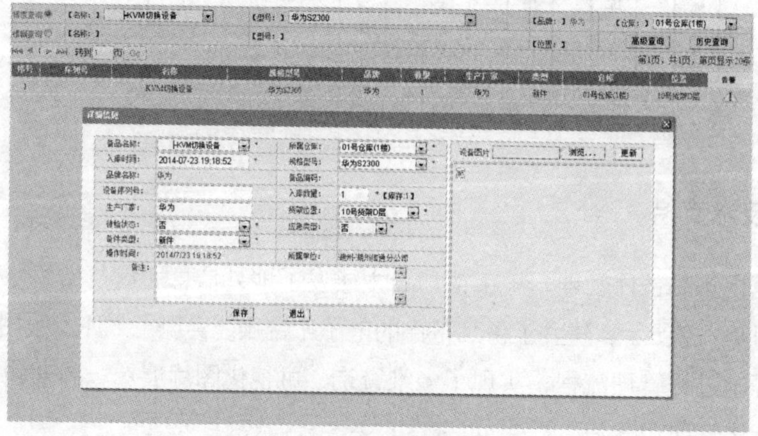

图 9-21　备品备件配置定额告警

（二）科学实现备品备件储备

备品备件储备需求的上报和审核是企业控制备品备件总体储备的关键环节，管理部门应该在保证生产设备安全稳定运行的基础上，实现备品备件的科学储备。

（1）制定备品备件储备需求应充分考虑利旧、移交等来源方式，优先考虑利旧、移交的合格备品备件，如图 9－22 所示，缺额部分通过采购补足。

（2）建立地县信息通信备品备件一体化管理平台，及时掌握各单位部门的备品备件储备情况及备品备件使用记录，为储备需求的审核提供决策依据，同时也为实现备品备件跨区域调配提供有力支持。

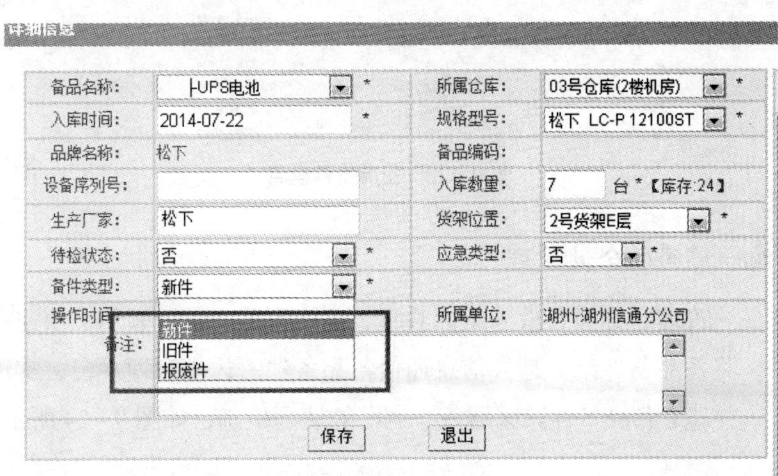

图 9－22　备品备件入库

（三）实时跟踪备品备件检测或试验

有效可用是信息通信备品备件管理的关键。为确保存储的备品备件有效可用，地市信通引入了对特定备品备件进行定期检测或试验的方法。针对精密零件和电气设备，如仪器仪表、硬盘、电源模块灯，不仅注意温度、湿度的影响，而且每年地县信息通信备品备件一体化管理平台自动提醒哪些备品备件需要检测或试验，由运维技术人员或第三方机构进行检测，出具检测报告，对不合格的备品备件进行报废处理，以提高备品备件可用率。

（四）定期开展备品备件盘点

为确保备品备件库存数量准确，地县信息通信备品备件一体化管理平台自动生成盘点清单，仓储管理人员按照清单进行精准盘点，做到盈亏有原因，更换有报告，记账有凭证，储备有分析，如图 9－23 所示。

类型名称 规格型号 查询 导出

1 2 3 4 5 6 7 8 9 10 … 转到1 页 Go 第1页，共12页，第页显示50条

序号	类型名称	规格型号	仓库名称	库存
1	2M板	150V 2M 2M板	01号仓库(1楼)	5块
2	2M板	150V 2M-THR 2M板	01号仓库(1楼)	8块
3	2M板	15454 E1-42	01号仓库(1楼)	16块
4	2M板	15454E-E1-120NP=	01号仓库(1楼)	4块
5	2M板	6062 2M出线板	01号仓库(1楼)	3块
6	2M板	C-NODE E12	01号仓库(1楼)	3块
7	2M板	CISCO 15454-E1-75-C-2	01号仓库(1楼)	18块
8	2M板	CISCO 15454E-E1-120PROA 2M出口转接接口	01号仓库(1楼)	3块
9	2M板	CISCO 15454E-E1-75BB 2M出线总框	01号仓库(1楼)	8块
10	2M板	U-NODE E1-THR	01号仓库(1楼)	6块
11	2M板	U-NODE E12	01号仓库(1楼)	10块
12	2M板	华为2M	01号仓库(1楼)	7
13	2M板	华为2M接口单元	01号仓库(1楼)	7
14	2M板	华为LN	01号仓库(1楼)	5
15	2M板	华为SS-PQ1A01-N2	01号仓库(1楼)	15块
16	2M板	华为SSN2PQ1A03	01号仓库(1楼)	7块
17	2M板	华为UIF	01号仓库(1楼)	12
18	CPU	DELL R210 CPU散热器	01号仓库(1楼)	1块
19	IP电话机	CP-7905G	01号仓库(1楼)	2
20	IP电话机	CP-7906G=	01号仓库(1楼)	46
21	IP电话机	CP-7912G-A	01号仓库(1楼)	1
22	IP电话机	CP-7975G=	01号仓库(1楼)	2

图 9-23 备品备件盘点

（五）统一协同的仓储管理

根据“统一管理、分级存放、全面共享、集中调配、就近领用、快速高效”的仓储管理原则，将备品备件纳入地县信息通信备品备件一休化管理平台，实现库存“一本账”管理，并建立备品备件跨区域统一调配的协同机制，如图 9-24 所示。

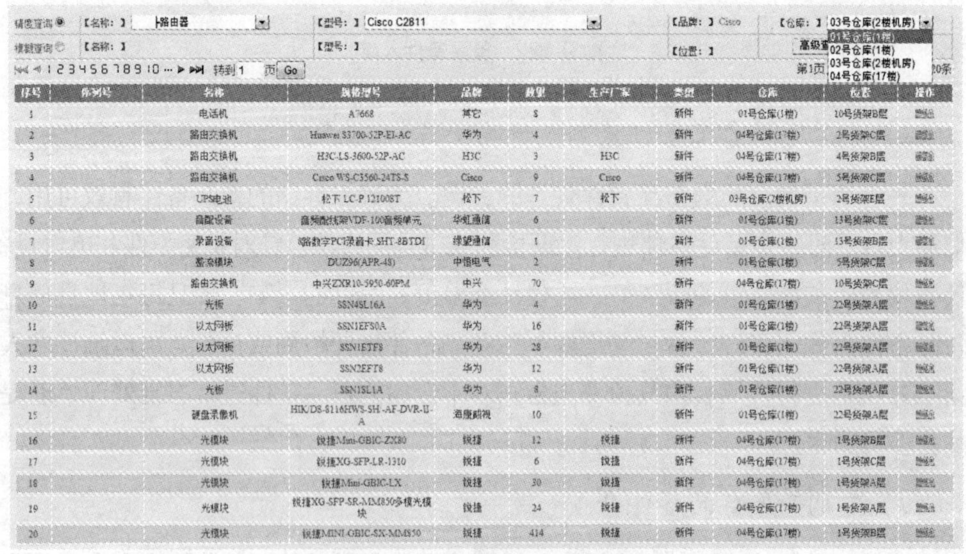

精度查询 【名称：】路由器 【型号：】Cisco C2811 【品牌：】Cisco 【仓库：】03号仓库(2楼机房)

01号仓库(1楼)
02号仓库(1楼)
03号仓库(2楼机房)
04号仓库(17楼)

模糊查询 【名称：】 【型号：】 【位置：】 高级查询

1 2 3 4 5 6 7 8 9 10 … 转到1 页 Go 第1页 …20条

序号	序列号	名称	规格型号	品牌	数量	生产厂家	类型	仓库	位置	操作
1		电话机	A7668	其它	8		新件	01号仓库(1楼)	10号货架B层	删除
2		路由交换机	Huawei S3700-52P-EI-AC	华为	4		新件	04号仓库(17楼)	2号货架C层	删除
3		路由交换机	H3C-LS-3600-52P-AC	H3C	3	H3C	新件	04号仓库(17楼)	4号货架B层	删除
4		路由交换机	Cisco WS-C3560-24TS-S	Cisco	9	Cisco	新件	04号仓库(17楼)	5号货架C层	删除
5		UPS电池	松下 LC-P 12100ST	松下	7	松下	新件	03号仓库(2楼机房)	2号货架E层	删除
6		音配设备	音频配线架VDF-100音频单元	华虹通信	6		新件	01号仓库(1楼)	13号货架C层	删除
7		录音设备	8路数字PC录音卡 SHT-8BTDI	缘望通信	1		新件	01号仓库(1楼)	13号货架B层	删除
8		整流模块	DUZ96(APR-48)	中恒电气	2		新件	01号仓库(1楼)	5号货架C层	删除
9		路由交换机	中兴ZXR10-5950-60PM	中兴	70		新件	04号仓库(17楼)	10号货架C层	删除
10		光板	SSN4SL16A	华为	4		新件	01号仓库(1楼)	22号货架A层	删除
11		以太网板	SSN1EFS0A	华为	16		新件	01号仓库(1楼)	22号货架A层	删除
12		以太网板	SSN1ETF8	华为	28		新件	01号仓库(1楼)	22号货架A层	删除
13		以太网板	SSN2EFT8	华为	12		新件	01号仓库(1楼)	22号货架A层	删除
14		光板	SSN1SL1A	华为	8		新件	01号仓库(1楼)	22号货架A层	删除
15		硬盘录像机	HIK/DS-8116HWS-SH-AF-DVR-II-A	海康威视	10		新件	01号仓库(1楼)	22号货架A层	删除
16		光模块	锐捷Mini-GBIC-ZX80	锐捷	12	锐捷	新件	04号仓库(17楼)	1号货架B层	删除
17		光模块	锐捷XG-SFP-LR-1310	锐捷	6	锐捷	新件	04号仓库(17楼)	1号货架C层	删除
18		光模块	锐捷Mini-GBIC-LX	锐捷	30	锐捷	新件	04号仓库(17楼)	1号货架A层	删除
19		光模块	锐捷XG-SFP-SR-MM850多模光模块	锐捷	24	锐捷	新件	04号仓库(17楼)	1号货架A层	删除
20		光模块	锐捷MINI-GBIC-SX-MM850	锐捷	414	锐捷	新件	04号仓库(17楼)	1号货架B层	删除

图 9-24 备品备件管理

结　　语

地市供电企业通过地县供电企业一体化建设，夯实本质安全。强化安全责任运行主体责任，全面落实安全生产责任制，加强工作评价、监督和闭环管理；优化资源配置，强化运行环境和基础设施治理，强化标准制度执行，创新信息通信反违章工作机制，完善隐患排查与治理机制，提升风险管控及预警能力，健全应急管理体系。

地市供电企业通过地县供电企业一体化建设，提升科学调控能力。结合信息通信调、运、检的纵向贯通机制及信息通信部门与各级业务部门的横向协同机制，优化支撑系统监控范围及业务集成关系，满足“实践性、先进性、科学性、综合性”，实现地县信通业务优化调整，推进调控协同机制深化应用，优化业务流程，提升资源效益，提高电力信息通信网络运行能力和安全稳定水平，为电网安全运行和公司发展提供强有力的技术支撑。

地市供电企业通过地县供电企业一体化建设，提升精益运检能力。建立信息系统、骨干通信网和终端通信接入网检修全过程管控机制，强化检修测试、监护、验收环节管控，健全业务常态沟通机制；推动运检工作自动化、智能化，提升运检效率；建立信息运维业务分级制度，建立精准运维策略，实现业务和设备差异化运维。

地市供电企业通过地县供电企业一体化建设，提升项目管控能力。深化通信工程建设一体化管理，进一步强化地县联动信息化建设管理体系，加强厂商能力评价力度，提升项目管理能力。

地市供电企业通过地县供电企业一体化建设，提升敏捷服务能力。实现信息通信客服分级服务，拓展多渠道业务受理，提升服务质量和效率，完善客服协同工作机制和流程，提升公司一体化信息通信客户服务工作成效。

附录A 信息检修需填报检修计划的检修工作

每月一次	检测类	安全审计	门禁系统	审计门禁系统记录情况，是否与实际出入登记符合
			平台	审计各系统日志、数据库日志、应用日志和防火墙日志，出具审计报告
			平台	检查网络接入层设备日志、整体运行状况等
		漏洞扫描	主机系统	主机系统漏洞扫描和整改
			桌面设备	主机系统漏洞扫描和整改
	系统调优类	数据清理	业务系统	三级应用系统：检查系统是否正常，检查日常数据备份的有效性，清理维护过程中及系统自身产生的垃圾数据
	试验类	切换试验	安全设备	如有主备安全设备，每月应进行主备机切换试验
	简单维护类	数据备份	网络设备	对接入层设备检查配置信息，完成配置备份
			安全设备	安全设备策略备份
	巡检类	日常巡视	网络设备	城域网设备现场巡视。现场巡视内容主要包括：① 设备电源是否正常；② 风扇是否正常运转；③ 引擎、各模块、端口指示灯是否正常；④ 设备表面、风扇口、电源网格有无灰尘；⑤ 网络插头有无松动，网络线有无交叉、排列不整齐等凌乱现象；⑥ 有无乱搭私接改变网络结构的现象；⑦ 设备及线缆标示有无污损、字迹是否清晰等
每季一次	检测类	漏洞扫描	网络设备	网络设备漏洞扫描和整改
	系统调优类	性能调优 配置调整	网络设备	核心和城域网设备安全策略、访问控制列表、路由策略的审计和调整、设备软件升级
			主机系统	进行性能分析，容量估算；设备参数的调整，性能调优，操作系统版本升级
			SAN存储	性能统计，设备参数的调整，性能调优
			数据库	三级应用系统：版本升级，重要补丁安装；性能调优
			中间件	三级应用系统：性能调优，参数调整、补丁升级
			安全系统	广域网边界的防火墙、IDS设备、桌面管控、综合网管、防病毒等设备参数调整，性能调优。防火墙规则清理
		数据清理	业务系统	二级应用系统：检查系统是否正常，检查日常数据备份的有效性，清理维护过程中及系统自身产生的垃圾数据
	简单维护类	权限审核	业务系统	对应用系统的特权用户权限进行审核和清理
		密码修改	平台	网络系统、安全系统、主机系统的超级用户口令、系统管理员口令和数据库管理员口令进行更改
	巡检类	日常巡视	网络接入层	通过设备面板指示灯检查供电情况、端口状态并进行记录
		专业巡检	平台	核心和城域网设备、主机系统、存储和备份、安全系统、门禁系统：通过软硬件检查、一个季度的故障与告警、运行数据、日志等分析，提交季度运行分析报告

续表

每季一次	巡检类	专业巡检	数据库	三级应用系统数据库：每季进行一次数据库设计、安全策略、备份策略的合理性检查，对日志和运行数据进行分析，提交运行分析报告
每半年一次	检测类	机房检测	机房	进行机房红外测温和防过电压检测；空调负载能力估算、检查；机房电源周期性容量估算、检查
	系统调优类	性能调优配置调整	网络系统	综合汇聚层设备安全策略、访问控制列表、路由策略的审计和调整
			网络系统	广域网、核心和汇聚层进行性能分析、配置调优，软件升级
			数据库	二级应用系统：版本升级，重要补丁安装；性能调优
			中间件	二级应用系统：性能调优，参数调整、补丁升级
		数据清理	业务系统	一级应用系统：检查系统是否正常，检查日常数据备份的有效性，清理维护过程中及系统自身产生的垃圾数据
	试验类	切换试验	信息系统	主备服务器和主备网络设备进行切换试验
			空调	机房空调切换
	简单维护类	权限审核	应用系统	应用系统用户权限审核和清理
		出库	备份系统	备份磁带出库处理
	巡检类	专业巡检	平台	二级应用系统数据库、网络汇聚层：通过软硬件检查、6个月的故障（缺陷）、运行数据、日志等分析，提交半年度运行分析报告
每年一次	检测类	性能测试	综合布线	按照 TIA/EIA－568 标准对网线性能进行抽查测试，对光纤衰耗进行抽查测试
	系统调优类	性能调优配置调整	数据库	一级应用系统：版本升级，重要补丁安装；性能调优
			网络设备	接入层设备安全策略、访问控制列表、路由策略的审计和调整
	试验类	充放电试验	电源	UPS 充放电
		恢复试验	备份系统	三级系统的备份数据恢复试验，二级及以下系统按需进行数据恢复试验
	巡检类	专业巡检	平台	一级应用系统数据库、网络接入层通过软硬件检查、一个年度的故障（缺陷）、运行数据、日志等分析，提交年度运行分析报告
	应急演练	应急演练	平台	存储系统、广域网核心系统、广域网防火墙系统、机房空调电源
每二年一次	应急演练	应急演练	平台	汇聚层、备份系统、服务器域安全设备、防病毒系统
每三年一次	应急演练	应急演练	平台	接入层、图像监控系统、自行研发的系统

附录B 信息检修检测类工作业务流程说明

工作阶段	工作流程	工作要求/安全要求	记录要求	执行班组
工作开始	1. 填报检修计划	填报检修计划	检修计划：在 SG－I6000 中填报	信息运检班
工作期间	2. 第三方服务	如是第三方服务须由 2186 信息通信服务台接单		
	3. 2186 接单	2186 客服应详细记录本次预约服务，内容包括：厂家名称，服务人员姓名，主要服务的工作，上门服务时间，预计完成时间，内部联系人姓名等	工单记录：在 SG－I6000 系统中记录	网控室
	4. 安全教育	对第三方服务人员根据《湖州电力局外来人员现场运维/施工安全培训内容》进行教育，并签字，同时签订《湖州电力局信息保密协议》。所有外来工作人员均应签字，不可由他人代签	（1）安全培训记录； （2）保密协议签订	信息运检班
	5. 填写工作票	工作票应填写规范，需检测的设备或设施应明确划定界限，危险点分析、预控措施和安全措施应详细描述。 （一）KVM 上工作，主要安全措施： （1）严禁外来工作人员设备入网（如无外来人员，此条可省）； （2）禁止外来工作人员输入服务器等设备用户名和密码（如无外来人员，此条可省）； （3）严禁使用非正版检测软件； （4）严禁对工作票范围以外的设备进行操作，防止误碰，严禁对工作票内容以外的信息进行操作； （5）严禁改变设备运行状态。 （二）机房现场作业，除以上外，还应增加： （1）工作区域设置围栏，在检测设备两侧明显处挂接标志牌“在此工作”； （2）工作区域附近如有电源设备，在电源屏前后应放置“止步，高压危险”标示牌； （3）工作期间设置专人监护； （4）认真核对设备位置编号，严禁误碰误拔运行板卡、纤芯； （5）接触信息通信设备时应携带防静电装置，严禁使用不合格工具； （6）对强电设备或设施检测时，应使用绝缘工具，做好绝缘措施	工作票：信息系统在 SG－I6000 中填写	信息运检班

续表

工作阶段	工作流程	工作要求/安全要求	记录要求	执行班组
工作期间	6. 工作许可	（1）KVM 上操作，调度监控值班人员可直接下达工作指令。 （2）机房现场作业，调度监控组值班员在下达工作指令前应确认工作票许可人是否已做好现场安全措施，如在工作区域设置安全围栏、在工作设备机柜挂接警示牌。出入机房，运行值班人员应核对工作票，并在机房出入登记单上进行登记，如有设备和仪器带入，应明确写出。 （3）在变电所工作，工作开始前应先征得调度监控值班人员同意，并严格执行第二种工作票制度	（1）值班日志：指令下达后，运行值班人员应立即在 SG－I6000 运行值班记录上进行记录，写明下达指令的时间，将工作票编号记录在该班日志上。 （2）出入登记单：应填写所有出入人员、工作内容、进出机房时间、携带物品等	网控室
	7. 检测工作期间	（1）工作监护人员对工作情况进行全程监护； （2）严禁外来工作人员设备入网（如无外来人员，此条可省）； （3）禁止外来工作人员输入服务器等设备用户名和密码（如无外来人员，此条可省）； （4）严禁使用非正版检测软件和不合格工器具； （5）严禁对工作票范围以外的设备进行操作，严禁对工作票内容以外的信息进行操作； （6）严禁改变设备运行状态； （7）接触信息通信设备应携带防静电装置（机房现场工作）； （8）开、关机柜门应小心，防止较大震动； （9）检测中发现的问题应立即汇报并记录，采取相应的措施，不得擅自处理	（1）过程记录：工作中有任何问题在工作票中记录； （2）作业记录：如果有作业指导书，应填写作业记录	信息运检班
工作结束	8. 检测完成	（1）恢复检测前的工器具状态和运行状态。 （2）对检测发现的问题，纳入计划管理。 （3）完成检测报告	检测报告：根据工作内容可分为： （1）漏洞扫描报告； （2）安全审计报告； （3）红外测温报告； （4）防过电压检测报告； （5）电源容量检测报告； （6）网络性能测试报告； （7）光缆纤芯测试报告； （8）其他检测报告。 本项工作如由第三方服务人员完成，则检测报告应由第三方服务人员提供，否则，工作负责人提供。检测人员应签字确认。 在计划管理软件中记录该项工作主要过程，用以月报汇总	信息运检班

续表

工作阶段	工作流程	工作要求/安全要求	记录要求	执行班组
工作结束	9. 结束工作票	（1）工作负责人应通知运行值班人员工作结束，并简要告知检测情况； （2）在调度监控值班人员许可后工作组方可撤离； （3）工作许可人结束工作票	值班日志：运行值班人员在ITSM或PMS运行值班日志中记录工作结束时间和检测情况	网控室
	10. 第三方服务	如是第三方上门服务，由2186服务台结束工单		
	11. 工单结束	工作负责人应及时通知2186客服，厂家服务结束的实际时间和服务质量	工单记录：厂家的服务时间和工作质量	客户服务组
	12. 检修计划结束	工作负责人结束检修计划	检修计划结束：在ITSM中填报	信息运检班
后期处理	13. 资料完善	是否需要修改作业指导书	作业指导书	信息运检班
	工作结束			
具体适用的运维工作有：第三方巡检、漏洞扫描、安全审计、红外测温、防过电压检测、电源容量检测、网络性能测试、备用纤芯测试、光功率测试				